U0025992

隨遇而安

精神科教授
簡錦標的人生故事

祖母、父母和三個兄弟姊妹。（前排右為簡錦標，拍攝此張全家福時，兩個弟弟尚未出世）

在美國工作定居後，簡錦標的孩子與姊姊的女兒（右一）在美國合影。照片分別為大女兒（左）、大兒子（後）、小兒子（前）。

1964年赴美進修前拍攝的全家福。

和林宗義教授的恩師、麻省心理衛生局局長Milton Greenblatt攝於大兒子婚宴上。
（圖上左二為Green Blatt之妻）

大兒子結婚時，與提出「悲傷五個階段」理論的美國知名生死學大師伊莉莎白・庫伯勒・羅絲（Elisabeth Kbler-Ross）（右二）及其女兒一起合影。

由簡錦標參與成立的環太平洋精神醫學會，固定每兩年舉辦一次國際研討會。

於環太平洋精神醫學會年會上，與前美國精神醫學會理事長Robert Pasnau
（中）、市療社區精神科主任李文瑄（左）留影。

與國際知名精神藥理學醫師Murray Jarvik教授攝於波多黎各精神藥理學年會。
（Murray Jarvik是研究尼古丁對大腦影響知名的專家）

與前美國精神醫學會理事長George Tarzan（右一）、臺大醫院精神科主任陳珠璋教授（右三）夫婦攝於美國精神醫學會年會。

從醫六十年，簡錦標致力於精神醫學研究，經常參加國際研討會。圖左至右依序為簡錦標妻、日本精神醫界大老西園昌久教授、簡錦標的恩師林宗義教授以及林宗義教授的妻子。

返臺前兩年，日本精神病院學會理事團派員參訪美國精神疾病照護醫院，圖為歡迎晚會。（右二為前美國精神醫學會理事長Robert Pasnau）

參與東協舉辦之亞太地區精神醫學會議。

受邀參加東協舉辦之精神醫療國際會議（臺灣僅一名額）。

任北美洲臺大醫學院校友會會長時，在拉斯維加斯舉辦校友會。臺灣肝病之父宋瑞樓教授（中）、高雄長庚醫院名譽院長黃國恩（右）特地來參加。

返臺接任市療院長
時，於就職典禮上
和母親（左）及岳
母（右）合影。

為了更瞭解市療的運作模式，接任院長後不到一個月，曾安排院內各級主管餐敘。
有趣的是，在市療幾乎清一色都是女性主管。

返臺接任市療院長那年，受中華電視公司邀請，上節目談焦慮症。此後，經常受訪談論紓壓之道。

任市療院長時，和扶輪社共同舉辦全國身心殘障藝術比賽。

與美國開業精神科醫師
陳永成（左一）一家人
攝於舊金山大橋。

企業家辜寬敏（左一）次子辜英明（John Gu，中）在加州大學洛杉磯分校
（UCLA）任精神科住院醫師時，曾受教於簡錦標教授。（辜英明醫師是美國少數
擁有皮膚科和精神科雙執照的醫師）

攝於臺大同學會。（右至左
分別為臺大眼科部主任洪伯
廷及其妻、簡錦標妻）

和臺大精神科主任林信男
（右）及臺北榮總兒童精神
科主任陳映雪（左）一起赴
維也納出席國際精神藥理學
會議。

市療院長任內，曾應濟生製藥創辦人蘇坤波醫師之邀，參訪其橡皮工廠。

濟生製藥創辦人蘇坤波醫師（左二）應美國精神醫學會之邀，捐贈設立「亞美精神醫學講座」，作為美國與亞洲國家精神醫學研究交流之橋樑，簡錦標教授曾於1996年從四千多名亞裔精神科醫師中脫穎而出，獲頒此獎。圖上為蘇坤波醫師到美國邁阿密參加美國精神醫學會年會。下為與蘇坤波醫師在美國洛杉磯住家後院合影。

1993年行政院長連戰發起反毒運動，臺北市立煙毒勒戒所併入市療，成立成癮防治科。當時主張以禪修戒毒的法鼓山創辦人聖嚴法師（左）因此慷慨捐款，協助市療反毒。

市療院長工作無所不包，任內曾參與《精神衛生法》增修。圖左為當時的醫政處長葉金川。

任市療院長時，與美國在華醫藥促進局執行長Hope Phillips（左一）及護理界大老合影。

市療院長任內，赴日參訪。（右二為日本知名精神科醫師西園昌久教授，左二為簡錦標）

1994年與時任住院醫師的臺北市立聯合醫院中興院區精神科醫師詹佳真（右二）一同出席生活調適愛心會活動。

辭去市療院長一職後，曾接任
美國在華醫藥促進局臺灣區執
行長。

與歌手裘海正攝於扶輪社聚會。

任市療院長時，和新店天主教耕莘醫院簽約建教合作，由市療協助耕莘醫院成立精神科。並於簽約典禮上，和新店天主教耕莘醫院院長陸幼琴（下圖右）合影。

生活調適愛心會剛成立時，病友於團療活動上贈花。

任市療院長時，曾主辦全國身心障礙藝術比賽，活動開始前，前內政部長吳伯雄（左二）和衛生署長張博雅（左一）共同參與剪綵儀式。

除了醫務之外，簡錦標也熱心社區公益活動，創立了臺北市東和扶輪社。

2016年即使行動不方便，出門得輪椅不離身，當年建中考上臺大的六十週年同學會，還是不能缺席。

隨遇而安

精神科教授
簡錦標的人生故事

目錄

第一部　成長

對年輕世代，有啟迪與激勵的好書！

文／羅伯白士諾（前美國精神醫學會會長）

很榮幸為簡錦標教授出版的《隨遇而安》一書寫序言，推薦這本書！當簡教授於1980年擔任洛杉磯加州大學神經精神醫學研究中心日間留院部主任時，我就與他相識，算來也有30多年了。

簡教授自臺大醫學院畢業後，進入臺大醫學院精神科，在主任林宗義教授指導下，修習神經精神醫學達5年之久。其後，林教授鼓勵他前往美國進修，並獲得哈佛大學醫學院的教學研究獎學金，於1964年前往哈佛大學醫學院進修。

在1960年代留學美國的時期，他全力在哈佛大學醫學院作臨床研究。在許多名師如Jack Ewalt 教授、Jonathan Cole 教授和Milton Greenblatt 教授的指導下，從事精神藥理學、慢性精神科病患社區醫療和泛文化精神醫學的研究，成果豐碩！

80年代，他開始在 UCLA 醫學院任教，學術研究及教學成績在美國精神醫學界有目共賭。期間也努力推動亞太地區的心理衛生工作，幫忙成立環太平洋地區精神醫學會。這些努力的成果，使他榮獲1996年美國精神醫學會的 「Kun-Po Soo Memorial Asian American Psychiatry Award」。

　　簡教授為人一向是勇於任事，勤奮工作，樂於提攜後進。我私下常親暱地稱呼他為「臺北人」（Taipei Person），這是以押韻、雙關語的方式，來形容他的「Type A Personality」的俏皮話。

　　書中詳細描述了他從研究顯微鏡下的腦神經細胞，到瞭解不同語言、文化的社會問題脈動中，所展現的專業知識和臨床經驗。他的研究興趣涵蓋極廣，從年少到年老，從單身到已婚，所有人的內在心靈世界，展延到外在行為的因果關係。

　　相信簡教授和我都有一個共同的期待，就是他一生的故事，對年輕的世代能有一些新的啟迪和激勵，讓大家不只能欣賞，更能珍惜自己的生命，也能隨時隨地把握自己的人生機緣，隨遇而安，全力以赴！

註1：羅伯白士諾醫師（Robert Pasnau, MD）為美國洛杉磯加州大學精神科榮譽退休教授、前美國精神醫學會會長、前美國照會精神醫學會會長及前環太平洋精神醫學會會長）

註2：本文由陳永成醫師醫師翻譯

註3：羅伯白士諾醫師英文版推薦序

Preface

It is with great honor that I write a preface in Dr. Ching-Piao Chien's autobiography. I have known Ching-Piao since 1980 when he was appointed the Director of the day hospital Ambulatory Care Services at what was once known as the Neuropsychiatric Institute at the University of California, Los Angeles.

Prior to coming to UCLA his clinical and research interests included: neuropsychopharmacology, community care of chronic mental patients, and transcultural psychiatry under the auspices Dr. Milton Greenblatt, M.D. Jonathan Cole, M.D., and Jack Ewalt, M.D..

In his earlier years he received 5 years of residency training in neuropsychiatry under the supervision of Professor Tsung-Yi Lin at the National Taiwan University. Dr Lin encouraged a young Ching-Piao to further his psychiatric training in the United States and Dr Chien was awarded a Teaching Fellowship by Harvard University Medical School.

In addition to his accomplishments in the United States, He was instrumental in the bolstering mental health activities in the Asian Pacific region and as a result of his work he became the recipient of 1996 APA Kung Po Su Memorial Asian American Psychiatry Award.

Because of the diligence and time conscious hard work, I used to call him affectionately "Taipei Person" a pun on the phrase"Type A personality".

His autobiography depicts his professional experiences from studying the microscopic brain cell to understanding communities struggling with different cultures and languages. His interest goes from the inner mind to external behavior--young to the old, single or married.

It is Professor Chien's and my desire that his life story will inform and inspire the next generation to not only value and appreciate ones life, but to seize opportunities that present themselves wherever and whenever they do.

Former President, APA ACP PRCP

Robert Pasnau MD

謝謝您照亮我的人生

文／詹佳真（前臺北市立中興醫院精神科主任）

　　工作將近30年，有些同學開始進行退休計畫，我也嘗試安排計畫，在尋找最有意義的生活方式過程中意外發現：每次門診結束，電腦關機前，回顧當天就診病患的進展，發現大部分的病患都按照進度，逐步改善中，有些完全康復，回到原先的生活軌道，繼續其發光發熱的人生，此時一股喜悅滿足感油然而生，這種愉悅的情緒，竟然超越任何物質或名位換取的快樂。

　　起初，我只是享受這種情緒，後來開始思考為何自己如此幸運能有這樣一份工作，直到闔眼離開這個世界前，都願意繼續投注時間精力。再繼續思考時，有一個人的身影在此時清楚浮現。

　　1990年，我到北部精神醫療重鎮「臺北市立療養院」報到，當時風聞新到的院長是國際知名學者，院內正進行著多種

新的治療模式，心中對這位教授抱著好奇與敬畏的想法。迎新晚宴上，近身觀察教授，發現他是一位親切風趣幽默的長者，為了化解住院醫師的生疏感，要我們以教授的年齡減自己年齡除以十的答案，一一向教授敬酒，表面上晚輩喝得多，實際上，我們有6位住院醫師，教授還是喝得比較多。

教授利用這個過程，製造話題，減少我們生疏感，很快的就讓我們感受到輕鬆自在。最後還補上一句，「我的生理年齡不重要，心理年齡永遠28」。他真是個沒有官架子的好長官。

上班的第一周，就碰上教授在個案討會上親自為我們示範診斷式會談。在三十分鐘內，從和個案打招呼、建立關係、主訴、現在病史，過去病史、個人病史、家族史、精神狀態檢查到現實感測試，非常詳細緊湊結構化。問診結束，診斷已呼之欲出。當時只是內心驚呼，太精彩了！

現在回想起來，這是何等幸運！從學習的初始就有大師示範標準問診方法，之後就是靠自己不斷精進技巧，省下很多自己摸索的時間。他在繁忙的行政工作中，仍願撥空親自指導年輕醫師，對後輩無私地提攜照顧，由此可見一般。簡教授的團療是開風氣之先，鑒於當時社會對精神疾病的不了解而視看精

神科為禁忌，他的團療門診邀請家屬參與，在詳細的衛教解說下，民眾及家屬對疾病概念及明確的治療方式有正確的認識，接受自己的疾病後按部就班的在預期的時間之內達到康復的目標。

他充分利用團體療效因子中的灌注希望、普同感、及利他主義，幫助病患建立掌控症狀的信心，後來成立病友自助團體，帶領志工經常上媒體現身說法，對打破當時看精神科的禁忌有重大的貢獻。

簡教授是國際知名的精神藥理學專家，共發表過一百多篇的論文，在書中選了五篇對當時精神醫療觀念有重大影響的論文，每篇都是為解決臨床上的疑惑仔細觀察後設計的研究，提供年輕醫師如何從臨床工作的困難中找尋研究題目的典範。

以我的輩分和學術地位，應該沒有資格替簡教授的自傳寫序文，但想把握這個機會，代表隱身在臺灣各個角落曾受過簡教授指導獲得成長的醫師以及接受他治療重拾人生的病患，向教授說一聲：謝謝您照亮我的人生。更謝謝《大家健康》雜誌出版《隨遇而安》一書，真實呈現教授的人生，讓讀者能從書中獲得啟發，在不完美的人生中活出精彩。

將病友視如兒女家人的恩師

文／徐玉章（大里葡萄園教會宣教同工）

　　得悉生活調適愛心會的大家長簡錦標教授出版《隨遇而安》時，感到欣喜萬分，他是幫助我走出精神官能症陰霾的最大恩人，承蒙簡教授的抬愛，邀請我為此書寫序文，雖感能力不足，依然懷著感恩之心，提筆表達我的敬意與謝意。

　　20多年前簡教授回國擔任市立療養院院長，開始在門診做團體心理治療，其病人來自全省各地，療程結束後每個人都深感團療在精神官能症的治療上有良好效果，他懷著關愛病人的仁慈之心，知道精神官能症的治療期較長，於是鼓勵病人並親自參與督導，成立生活調適愛心會，由簡教授擔任名譽會長。

　　1996年，我加入愛心會，擔任臺中中山醫院的團療志工。那時我與他接觸的機會雖不多，但看到他長期關心愛心會的事務，關懷每一位志工，相當感動。

10年前，我從教職退休，之後擔任愛心會臺中分會會長，簡教授贈送我一套日本森田療法學會演講的光碟，鼓勵我學習森田療法理論，後來得知他於1999年曾率領愛心會的志工團去東京參加國際森田療法學會，在他發表演講後，日本的醫界學者專家皆認同他在團療中常應用的格言治療，如「事實唯真」、「順其自然」等非常類似日本的森田療法，激起他研究森田療法的興趣，並應用森田理論於病人的治療上。

　　此後他多次率團赴日本訪問學習，促使愛心會與日本由精神官能症患者組成之自助團體生活發見會締結成姐妹會。他也曾舉辦過森田療法研討會，邀請日本的醫師學者來臺參加，同時每年舉辦森田療法理論市民健康講座，讓一般社會大眾也有機會認識森田理論，因為森田理論源自融合東方文化思想之精髓，若願意去學習實踐，可以遠離罹患精神官能症之痛苦，所以他一直努力不懈地在推廣學習森田理論的運動。

　　因為在臺灣有關森田療法的資訊有限，簡教授建議我加入日本生活發見會，這個團體之主要活動就是集體研修森田療法理論，目前我也在該會擔任文字關懷志工，同時盡力加強臺灣與日本兩會之友誼關係。兩年前又加入日本森田療法學會，透過一些學術研討會與期刊論文，能夠更深入瞭解森田療法的臨床應用。

每當在發見會裡的工作或在森田療法學習上遇到困難時，都會隨時請教他，所以簡教授亦是我學習森田療法的恩師。

其實簡教授對我的影響，不僅在於對我的指導，更深遠的是他處世為人的態度，成為我學習的典範，尤其他愛人如己的精神，從他與愛心會的志工們的互動中可以體會出來，因為大家都曾經是他的病人，在愛心會裡共同努力從事社會服務工作，他將每一個人視如自己的兒女家人對待，這也正是從事精神官能症之志工應當具備的精神，有此同理心才能達成自助助人的目標。

簡教授的一生值得學習效法之處甚多，相信藉由這本書剛好給予我們認識瞭解簡教授的機會，最後在此為本書能夠順利發行獻上最誠摯的祝福！

告別自己人生的交代

文／簡錦標

　　在出版《隨遇而安》這本書之前，曾自問自己：為何要出這本書？

　　不少人出書出自傳，或許有名有利，但已到遲暮之年的我，還需要嗎？曾經有不少朋友、學生勸進我退休可以寫書出書，但一直未有此想法。老實說，隨著自己年紀愈長，以國人平均餘命80歲來看，其實自己已經多活了幾年，算一算也許在世上的時間不多，就算賺更多錢，此時中了樂透頭獎，成為億萬富翁，又有何用呢？

　　那還要爭什麼名嗎？還是想拚什麼位子呢？以精神科醫師來說，能有幸成為美國洛杉磯加州大學（UCLA）精神科教授、成為美國食品藥物管理局藥物審查委員，回臺灣擔任臺北市立療養院院長，已是對自己這一生的職涯，最好的交代了！

我常想，自己的人生仍不夠精彩，實在不足以出版自傳，2016年中，一次聚會，陳永成醫師及詹佳真醫師一直鼓勵我出書，留下一些給後進精神科醫師的參考，當時仍然猶豫著。

　　後來在7月、8月時，佳真醫師安排兩次與董氏基金會《大家健康》雜誌的餐會，近距離了解出版書籍的過程，也了解自己出書不是為名為利，有另一層教育及傳承意義。

　　隨後在雅馨總編的協助下，讓育浩主編及記者郁梵每星期一個下午的採訪，漸漸從郁梵整理的文稿，看到自己的人生竟還有些值得留念的地方。

　　若將人的一生分為三個階段，學歷期、經歷期和病歷期，那麼想要活得精采，前兩期自然是愈長愈好，但是人老了，總免不了經過病歷期，當然，我也不例外。

　　我很幸運，因為聽著日語長大，從小就比別人多會了一種語言，在學習的路上，比同年齡的其他夥伴順遂許多；加上旅途中，遇到的良師益友頗多，經常受到貴人相助，經歷乍看之下也很豐富。只是沒想到走到人生最後階段，病歷期竟然也不輸給別人。

有時常和周圍親友開玩笑說：「你看看我，一個人得這麼多病，怎麼還不會死？」雖然說是自嘲，卻也有點無可奈何。自從脊椎的老毛病又犯了以後，都會定期到臺大醫院景福門診就醫，2015年確診罹患肺腺癌第四期後，我更頻繁複診。

　　有一次，主治醫師盯著電腦螢幕許久後，語重心長地說了一句我至今仍印象深刻的話，他說：「簡教授，我們醫院的病歷表格一次最多只能寫九種診斷病名，可是你的病已經寫不完啦！真的不知道怎麼填呢！」

　　當下除了對主治醫師有點不好意思，更多的是驚訝。從什麼時候開始，身上的毛病變這麼多了呢？

　　醫療愈來愈進步，不僅癌症不再是不治之症，社會對老化的定義也有了些微調整。以前，65歲以上就是老人，能活到80歲就可稱為長壽了；但現在，65歲只是「初老」，75歲以上也不過是「中老」，85歲以上才是「老老」。

　　以今年滿84歲來看，像是準備從中老邁入老老的「老輝阿郎」。在「老化」這條路上，還有很多路要走！所以買了很多教人如何度過老人期的書籍，時時提醒自己。在房間的書櫃裡，光

是這類書籍就有至少五、六本。

　　不敢說自己的老後退休生活過得有多精彩，但我想，或許可以把自己的經驗分享出去，告訴那些正在為癌症所苦的病人，其實癌症並不可怕，可怕的是自己嚇自己。沒辦法再開診看病人，至少可以透過出書，傳達一些觀念。

　　走到人生的末端，回顧自己的一生，寫下自己的故事，用這本自傳，做為告別自己人生的交代，也希望讀者能夠以客觀開放的態度來閱讀本書，並在書中獲得一些啟發。

「長者是寶」，人生的智慧傳承

文／姚思遠（董氏基金會執行長）

2012年時，董氏基金會《大家健康》雜誌出版《隨心所欲：享受精彩人生》一書，記錄了10位70歲以上長者的精彩人生故事，引起不少迴響。「長者是寶」，他們有不少人生智慧與處世哲學值得後進學習。

臺灣已邁入高齡化社會，老年照護的相關議題，是政府與許多非營利組織關心的。董氏基金會在菸害防制中心、心理衛生中心及食品營養中心三個單位的衛教上，也有針對老年人的健康、生活提出有益的建議，例如菸害防制中心宣導注意慢性阻塞性肺病（簡稱COPD）對健康的危害，呼籲老菸槍及早戒菸；心理衛生中心推動老年憂鬱症防治，同時舉行活躍老年的講座；食品營養中心在老年人的飲食及營養需求上提供多元資訊。

《大家健康》雜誌在每期的報導上，也有不少提醒老年人

預防疾病的文章，而在書籍出版上，我們也很榮幸地出版賴東明董事長《用心就有感》、謝孟雄董事長《心的壯遊》，透過這兩本好書分享具領導風範長者的人生經驗與經營老年生活的智慧。

　　此次與臺灣精神科權威，前臺北市立療養院院長簡錦標教授合作出版《隨遇而安》一書，他也是位學經歷豐富的長者。1933年出生在臺灣桃園的他，歷經日治時期與美援外交的變動，奮發向學至哈佛大學醫學院進修，並成為洛杉磯加州大學（UCLA）精神科教授，1991年回臺灣接任臺北市立療養院院長，而後也擔任中華民國精神醫學會理事長。

　　臺灣第一個精神病友團體「生活調適愛心會」即為他所創立，隨後帶起臺灣精神醫學團體治療的趨勢。本書不僅記錄他的人生成長，也呈現一個精神科醫師對生命的思考、人生的體悟，以及面對癌症的勇氣，除有醫師價值觀的傳承外，也適合一般讀者閱讀，或可體會更多人生道理。

第一部

成長

端午鯉魚，簡家大孫

　　日治時期，每年到了5月5日端午節，經常會下雨，而鯉魚有魚躍龍門的典故，這時掛起鯉魚的旗子，便能期望家裡的男孩子可以魚躍成龍，還未有男孩的家庭，也有祈求上天保佑家裡誕生男孩的寓意。因此，端午節也稱為男孩節。

　　就在這樣一個專屬於男孩的節日，我出生在桃園簡家，當時，男孩節的習俗在臺灣已邁入第三十八個年頭，有男孩的家庭會在屋頂上懸掛鯉魚旗，期許家中的男孩能順利長大、身強體壯。

　　身為家裡的長孫，祖父對我的期許極高，因為生日在「端午節」，他更加盼望長孫是一個像樣的孩子，能成為男人中的男人，於是便取了「錦標」這個名字，希望我能永遠第一名，拿到競賽中只有冠軍才能擁有的「錦標」。

　　如果問我，這樣別有深意的名字，到底是壓力，還是一種

鼓勵？我想是各有各的好處吧！畢竟從小就背負著家中長輩深深的期望，漸漸地也養成了我不畏懼、勇往直前、努力不懈的個性。

幾乎打從骨子裡，我就是個競爭心很強烈的人，不只怕違背家人的期待，也害怕失敗，這樣的人格特質，在我成長的過程中，也帶來了不小的負面壓力。

舉例來說，每當考試成績不在前三名，自己就會覺得心情很差，得失心重，但話說回來，誰又能一輩子，無時無刻都維持在第一名呢？

桃園的老家，位在景福宮旁，景福宮在現在桃園市桃園區，地方習稱大廟，是當地的信仰中心，非常熱鬧。小時候，祖父經常帶我到附近走動散步，這一帶也是童年記憶最深刻的地方。

簡家的興盛從曾祖父一輩開始，曾祖父是清朝時期的秀才，當時為了到臺南參加科舉考試，在交通不便的年代，用雙腳走了整整一個星期的路。好不容易放榜後，順利當上縣長，分配到一部分的土地，後來租借給佃農，成為地主，但真正的

繁華與滄桑卻從祖父開始。

　　祖父是名教育家，很受當地人敬重。他從當時總督府（現總統府）國語學校畢業後，被分發到桃園國小教書。印象中，他總是穿著一身帥氣的黑色西裝和黑色皮鞋，帶上高高的紳士帽，鄰居的長輩常形容他是一個彬彬有禮的紳士。

　　讀幼稚園時，他常牽著我的手到大廟附近散步，從景福宮一直走到附近的菜市場，看到他的人，總會微笑和他打招呼：「簡老師，又來散步啦？」小時候的記憶裡，祖父是一位相當受人尊敬的好好先生。

　　當地有人說，桃園簡家不僅算是書香世家，而且還是桃園第一大地主，或許不少人會好奇，一輩子都在教書的祖父，怎麼會成為桃園最大的地主？背後的原因很曲折，可以說，祖父的土地一部分繼承祖產，一部分則是因為一場為友人擔保的意外！

　　簡家的繁華到祖父的時間，好日子並未過太久，祖父在年輕時，太容易相信人，替朋友作了擔保，結果借錢的朋友落跑了，祖父因此被日本銀行追討，欠了大筆的債務。

在無力償還下，照理說，祖父應該會被宣告破產才對，家裡的土地也會被銀行沒收，拿去抵押還債。但或許是祖父平常為人有品格，受鄉里人敬重，在祖父徬徨、手足無措的時候，銀行經理便向祖父提議，把債務和抵押品由擔保人完全承擔，祖父因此搖身一變，成了坐擁百甲土地的大地主，但同時卻也得扛上這筆龐大的債務。

　　家中經濟無預警遭逢巨變，祖父不得不省吃儉用，記憶中，家裡的腳踏車永遠都是破破舊舊的。還記得，有一次我洗完手，水龍頭沒鎖緊，祖父就叫我拿一個臉盆，放在滴著水的水龍頭下方接水，接著跟我說，這些水都是要付錢的。甚至有時候忘了關電燈，他也會把我叫回來，提醒我，電也是要錢的。

　　儘管當時，我只不過是一個幼稚園的孩子，祖父也一再訓誡與提醒。也就是從那時候開始，我知道原來東西不是無中生有，是要花錢買的，就像電有電費、水有水費，所有的東西都不是理所當然地使用，而是得付出些什麼。

　　祖父的節省，讓當地不少人感到好奇，有些不是很清楚簡家狀況的人，開始有了閒言閒語，形容祖父是「皇帝命，乞丐

身」，現在想想，或許是這種評價，祖父才不想讓外人看輕，刻意注重打扮，總是以一副紳士的模樣見人吧！

一直到祖父過世前，這筆龐大的債務仍未還清，父親繼承祖父的債務，繼續還債給銀行，過著像祖父一樣無比節省的日子。

小時候，母親曾半開玩笑、有點委屈地說，「大家都說你們簡家是桃園第一大地主，誰知道竟然欠了這麼多錢，生活要這麼節儉。」

母親的埋怨不是沒有理由，畢竟她出生在富裕人家，父親是臺中前三大地主之一，過去從事建築建設工作，常在日本小社區蓋日式房屋，供日本人居住，現在臺中的大全街，就是以外公的名字命名的。正因如此，從小生長在大戶人家的母親嫁來簡家後，不但無法買新衣服、看電影，還得處處精打細算，心中的委屈和無奈，也就可想而知了。

原來我不是日本人？！

　　我的求學階段，歷經日治時期與國民政府來臺的轉變。在國小五年級以前，我始終認為自己是日本人，如果能理解當時的時空背景，會出現如此的認知差距，並不意外。

　　父親和母親都受過正統的日本教育，父親曾在日本早稻田大學念書，不過沒念到畢業就回臺灣相親，與母親結婚。母親雖未像父親留學日本，卻也在臺灣接受日本的高等教育，臺中女中畢業的她，會說一口流利日文，也因此，我一出生，就被父母用日文養大，日語幾乎就是我的母語。

　　父母非常重視我的教育，深受日本文化洗禮的他們，選了一所幾乎全是日本人的學校。那是一間有幼稚園的國小，國小的校長就是幼稚園的園長，當時臺灣人要進去讀書，很不容易，幾乎是要有家庭背景的人才能進去就讀，其他像警察、老師、醫師的小孩即使有機會進得去，也只能算是有資格拿到入場券，能不能進去就讀，還得通過校長的面試。

記得幼稚園面試那天，母親把我打扮得很規矩，看起來整整齊齊、乾乾淨淨。當走進面試的房間時，校長便拿了一顆橘子在我面前晃了兩下，問我這是什麼？也許是要測試我日文好不好？會不會說日文？當時我沒意會過來，只是呆著一張臉、滿臉困惑的看著他，直到校長用臺語說：「柑仔！」，我才豁然開朗的用日語回答：「蜜柑（みかん／發音為mikann）！」。就這樣因為「蜜柑」，我順利通過面試，開始接受日本教育，與日本人一起念書。

　　從幼稚園到小學五年級，同學和老師幾乎全是日本人，因為我是少數的臺灣人，難免有點受到歧視，會有感到被歧視的心理反射是當時別的班級，班長都是由成績第一名的同學擔任，但我在班上總是拿第一名，卻沒做過一次班長，就連國小朝會的升旗手，我也沒做過。

　　對從小被祖父灌輸要有榮譽心，好勝心極強的我，一直認為能在朝會時，站在升旗台上升旗，是一種無比榮耀，這個機會通常是各班的班長輪流擔當。有一次班上的班長因為生病臨時請假，無法參加朝會，當時我心裡暗自竊喜，心想終於可以輪到我去代表升旗了。結果，老師卻選了另一個日本同學當升旗手，雖然當時我憤憤不平，但仍無法理解自己與日本人的差

別。其實老師當時的動作，都在提醒我是一個被殖民的日本臺灣人，但因為從小的生長環境和教育背景，我當時始終覺得自己就是一個日本人。

　　1945年，日本戰敗，無條件投降，宣告第二次世界大戰結束，國小五年級的我，眼看著同學和老師紛紛回日本，心裡莫名惆悵，回家後很認真地問母親：「我們什麼時候也要回日本？」，結果母親正經地告訴我，「你是臺灣人，不用回日本。」當時，我的心中滿是疑問，用美國人最常講的話來形容當時的心情就是：「What happen to me?」這是什麼情況，為何會如此？為何我不用回日本？為此我還悶悶不樂了好一陣子。現在回想當時確實很天真，但在我的認知裡，被教育做為一個日本人是光榮的，會認為自己是日本人的觀念竟是如此根深蒂固。

從小與神明結的醫師緣

　　日本政府離開臺灣後的第四年，國民政府撤退來臺，進行了一系列的改革，桃園從當時的新竹縣獨立出來，自成一縣（即現在的桃園縣）。比起新竹，臺北交通方便許多，我也因此離開念了一個學期的新竹中學，重新考上了臺北的建國中學，完成學業。

　　當時姊姊和妹妹也考上了北一女，家中三個孩子都考上臺北的學校，為了方便我們通勤，父親和母親便帶著我們五個孩子，從桃園搬遷到臺北定居。

　　小時侯懵懂時，母親曾和我分享，在我出生未滿兩歲的時候，曾好幾天高燒不退，當時焦急的母親到廟裡為我祈福，向神明拜拜許願，承諾如果病好了，一定會教導我，讓我當上醫師，貢獻自己，幫助更多人。

　　到了高中，我仍維持不錯的成績，大學入學考試前，更是

加倍用功。當年，醫學系是競爭最激烈、最難考上的。不過，在開始填寫志願單的時候，看著和我在課業上經常競爭第一名、互相砥礪的同學，填寫臺大電機系作為第一志願時，我也有了動搖，想和他填寫一樣的學校和科系。只是當我回家很興奮地和母親說，填了臺大電機系和臺大醫學系時，母親再次說了自己當年向神明許願的故事，希望我的第一志願要填寫選醫學系。

從小我就很聽母親的話，雖然心裡有點猶豫，但隔天一大早，仍衝進學校的教務處，向負責承辦的老師表明，要更改志願卡，當時老師不斷告知我要想清楚。不過想起母親的話，還是把電機系劃掉，在志願卡上，很有自信地只填寫了臺大醫學系一個志願，因為我深知自己非上不可，不能讓母親失望。

放榜的那天，得知自己考上了臺大醫學系（錄取率僅1.25％），我相當驕傲。當時建中的賀翊新校長（賀校長在建中十六年，帶進當時北京大學五四運動後的自由學風）問我們填了幾所志願、有沒有如期考上時，我便很自滿地跟他說，我只填了臺大醫學系這一個志願，原本以為校長聽了會誇讚我考得不錯，沒想到他竟語重心長地對我說：「年輕人，記著！做任何事一定要預留後路，千萬要慎重！不要衝動大意！」

這句話為我帶來了不小的影響和啟示，也呼應了胡適在五四運動所提倡的口號——「大膽假設，小心求證」，成為我的座右銘。更點醒了我，在後來從醫的生涯裡，影響深遠。每當我為病人開藥、打針、做診斷時，我總會記起賀校長的苦口婆心，想著若是病人因為吃了我開的藥，引起副作用該怎麼辦？有沒有什麼解決方法？賀校長教會了我謹慎，而這種慎重的態度，也讓我在遇到困難時更能從容面對。

第二部

美國夢

國際權威告訴我，「聰明的人會選精神科！」

常有人問我，為什麼畢業後會選擇精神科？老實說，從決定念醫學系的那一刻起，我並未想過自己會走入精神科的領域。

1960年代，當時許多人對醫師的想法，都認為穿白袍、拿著手術刀才像是個專業醫師，而我一開始對醫師也有這種想像，所以在唸醫學系時，一直以為自己未來會是個替病人開腸剖肚的外科醫師。

在臺灣，醫學系必須讀七年，等到畢業後進入醫院體系，就要開始三到五年不等的住院醫師生活，而這也意味著「選科」的開始，選對科別能加分，但選錯了，要換科就會很麻煩，所以大家都無比謹慎，幾乎每一位醫學生在選科前都會找前輩和師長請教，討論多次後才下決定。

為了讓醫學生能更了解臨床醫學，大七便有到醫院實習學

習的機會。在每個月輪調一科的試驗生活裡，機動性最高的婦產科，是我最不感興趣的科別；多次比較過後，果然外科還是最吸引我。

當時，在臺大醫學生眼中，醫學系有三個公認國際大師級的知名醫師，分別是外科林天佑醫師、內科楊思標醫師以及精神科林宗義醫師。其中，林天佑教授認識我父母，也有交情，加上我在外科實習成績超過90分，對我學習表現印象都不差，如果當時要擠進最熱門的外科，對我來說並非難事。然而，正當我以為「未來就這樣了吧！」時，林宗義教授卻跟我說：「聰明的人會選精神科！」

正當我百思不得其解時，林宗義教授笑著解釋，只有最強調人本主義的精神科，才會把病人當作一個整體來醫治，而不是像肝膽腸胃科只看特定的消化系統、心臟科只看心臟、耳鼻喉科只看單一器官；加上精神科醫師為了診治病患，必須站在病人的角度去思考，而「能用同理心去了解病人的醫師，才算是個仁醫。」

儘管林宗義教授講得頭頭是道，我也頻頻點頭表示認同，但心裡難免猶豫，而林宗義教授似乎看出我的躊躇不定，便開

起玩笑說道：「外科系統的醫師像木匠，整天在手術室內敲敲打打；內科系統的醫師能做診斷，但無法治療；反觀精神科雖然算陌生領域，國際研究還不多，但發展機會大，搞不好你們未來還有機會一戰成名，得到諾貝爾醫學獎呢！」

儘管得諾貝爾獎聽起來有點不切實際，但我還是被林宗義教授的鼓勵給說服了！腦中開始回想起當時在臺大醫院精神科實習的日子。

我是在1958年進入臺大醫院當實習醫生，當時正值國民政府撤退來臺不久，臺大醫院精神科經常都是爆滿的狀態，各縣市公私立療養院幾乎供不應求，當時罹患妄想症的病人特別多，常有病人抱怨自己被共匪監聽、有人要來暗殺他等等，類似這種現代人聽了會覺得是瘋言瘋語的主訴，在當時的精神科診間內屢見不鮮，偏偏精神病的研究在當時並不普遍、甚至相當稀少，精神科醫護人員就成了當時最缺乏的科別。

畢業時，我們全班七十五位同學，只有兩個人選擇精神科，我是其中一位，抱著一股使命感，毅然決然地走入精神科，而這一走，一轉眼，竟是四十多年。

嚴師的要求，比別人多做一年的住院醫師

　　畢業後能進入臺大醫院受聘訓練，對每一個醫學生來講都是無比光榮。那是一個高度競爭的環境，臺大的住院醫師名額是採金字塔制，越往上，名額越少，所以住院醫師每年都得接受一次考核，如果用比賽的過程形容，就像一場淘汰賽，每年都會淘汰一至兩位人選，等到受訓滿四年後，最後留下的那一個才能順利「晉級」，受聘為主治醫師。至於被淘汰的住院醫師，最後大多都會到市立或省立醫院任職，或是自行開業，繼續他們的從醫生涯。

　　這樣的制度，讓每一位正在受訓中的住院醫師都絲毫不敢怠慢，就怕被其他人超越。激烈競爭下的進步是顯而易見的，但若要說這種制度是多好、多棒的策略，也不盡然，因為還是有人會想走「偏門」，畢竟「錢進」文化也是在這樣的背景下誕生。

　　當時，為了不想被淘汰，少數的住院醫師或家長會利用關

係，無所不用其極的討好評分教授，包紅包、到前輩家拜訪、送禮似乎成了基本功，大家百般示好、不惜「三顧茅廬」的目的只有一個，就是要順利晉級，好讓自己有朝一日能成為臺大醫院的主治醫師。

而我很幸運未遇到這種「錢進」文化的事，能夠錄取成為臺大醫院精神科的一份子，這和指導我的林宗義主任教授有關。那時教授很權威，命令就像軍令，不能違背，我很兢兢業業的接受教授的要求和指導。

一般來說，住院醫師都是四年期滿，熬到最後一年升格為總醫師，接著開始接觸行政職的工作；但我的住院醫師訓練卻足足比別的同學多了一年的時間，第五年的住院醫師，讓我有些不安與疑惑，為此我曾問指導老師林宗義主任教授，「為何別人都是四年升上主治醫師，而我到現在連個邊都摸不到？」

當時，林教授給我的答覆是，他希望能帶領臺大精神科迎頭趕上國際水準，所以必須格外嚴格的訓練我。而我也在林教授的安排和指導下，走入當時在醫界還鮮為人知的精神藥理學領域。

精神科的前身和神經科密不可分

　　常常聽到有人分不清精神科和神經科的區別，以為神經科是看「神經病」，殊不知俗話所說的「神經病」其實是精神疾病的範疇，在巧妙的文字誘導下，不少人都會把精神科和神經科混淆。

　　不過，說到精神科的歷史，其實在早期，精神科和神經科是密不可分的，兩科屬於同一種科別——也就是「神經精神科」，隸屬在各大醫院的內科部門底下。臺大醫院神經精神科就是在1947年成立，由當時剛從日本東京大學留學回國的林宗義教授接任首任主任。

　　即便醫療科技已經相當進步，精神疾病依舊是醫學領域中，最後一塊蠻荒之地。就算用再先進的儀器或更精密的研究方法，還是有許多精神疾病找不到確切病因。精神病到底是不是大腦構造出問題而造成的？一直到現在仍是備受爭議的話題，但事實上，過去就曾有一部份的學者致力探討用侵入性的

手術，治療精神疾病。（其實早年精神科醫師也需要有開刀的能力）

　　臺大醫院已故的前院長高天成教授，曾被臺灣第一位醫學博士杜聰明（1922年得京都帝大醫學博士，曾任臺大醫院院長、臺大醫學院院長、高雄醫學院院長）讚譽為「臺灣外科醫學之父」。在光復初期，高天成院長就做過幾個腦瘤手術的病例，手術結果都很成功，是當時醫界公認醫術最高明的神經外科醫師。

　　為了探究手術是否能治療精神疾病，高天成院長曾替一位思覺失調症（原「精神分裂症」，2014年正名）的患者，開過前腦手術。這在當時的精神科曾轟動一時，遺憾的是，雖然手術算成功，病人沒有留下任何後遺症，但精神分裂的症狀並未在術後獲得好轉。也因此，為精神病患開刀治療，就這樣被精神科醫師從治療選項中悄悄剔除。

美援時代的臺灣醫療建設

　　二次大戰結束後，為了防堵社會主義赤色風暴蔓延，美國開始在歐陸各國推動「馬歇爾計劃」（即歐洲復興計畫，美國對被戰爭破壞的西歐國家進行經濟援助、協助重建，並在1950年韓戰爆發後，對亞洲盟邦提供經濟援助），而當時臺灣是美國的盟邦之一，儘管這計劃當中隱含著美國對其它國家的政經意圖，但這些外援對當時剛擺脫殖民地位的發展中國家來說，助益不小。

　　若將1951至1965年臺灣所獲得的美援換算成美元累計，大致可分成包括軍事援助45億美元和經濟援助14.8億美元。後來許多研究顯示，不論是在農業、工業或是軍事方面，美援確實對當時的臺灣政經發展起了關鍵作用。而反映在醫療產業上，美援不僅是促使公立醫療院所得以重建和擴增，以及衛生保健工作得以順利進行的重要推手，更是當時公家部門累積醫療資本的重要來源。

舉例來說，1945年美國援助新臺幣1240萬元，提供給10家省立醫院修建院舍及添購設備。其中省立屏東醫院的病床數，從原本120床增加至152床，成為當時屏東地區最具規模的綜合醫院；省立嘉義醫院也在美國的援助下，拆除原本木造的院舍，改建成鋼筋水泥的四層大樓，病床從原本162床增加至241床；而後續擴建的嘉義肺病醫院、新建埔里肺病醫院、增設樂生療養院病床及錫口療養院（現桃園療養院）精神病床也都有美援的影子。

　　由於林宗義教授英文很好，又是世界衛生組織（WHO）心理衛生聯盟顧問，當時為臺大精神科爭取到不少援助，這些援助大部分都投入建設兒童心理衛生中心，即是現在位於臺大醫院西址的兒童精神科門診。兒童心理衛生中心的成立就是在這樣的背景下，擴建而成，我也因此開始接受兒童心理衛生的訓練。

　　除了實質的金錢援助，透過美援相關機構，陸續也有不少臺大教授或醫師赴美進修。臺灣肝病之父宋瑞樓醫師，就是在結束美國行後，於1954年首開風氣，完成了臺灣第一例人體胃部檢查。而我就是在林宗義教授的推薦下，於1964年，做完總醫師第二年（住院醫師第五年）時，申請留學，赴美深造。

懷抱美國夢與甘迺迪總統的啟發

　　1945年，第二次世界大戰結束，六年持續的轟炸使得絕大多數的城市都遭到嚴重破壞，不論是在工業生產、建築、還是交通建設上，這些問題的解決都需要耗費大量財力，為了復甦戰爭帶來的損傷，幾乎所有陷入戰爭的國家，國庫都已消耗殆盡。相比之下，美國在二戰中損害較小，自然就強盛許多，晉升為世界第一強國。

　　臺灣因為光復後，長期接受美國援助，一直到1960年代，很多學生心中都抱著一股「美國夢」（American Dream），總覺得踏上美國那塊土地，就像到了天堂，呼吸到的空氣就是不一樣。我在臺大醫學系念書時，班上有一半以上的同學都在準備美國醫師協會為外國醫師舉辦的「ECFMG（Educational Council for Foreign Medical Graduates）」測驗，對當時的我們來說，考過醫學系的畢業考試不算真的畢業，考過ECFMG才是真的通過畢業檢測。

如果想要到美國實習的醫生，必須得通過「美國醫師執照考試USMLE（United States Medical Licensing Examination）」，這是一個多重部分的專業考試，共有三個部分（3 steps），考生在通過step1的基礎醫學考試、step2的臨床醫學和診斷能力測試後，就可以拿到ECFMG證書，才有資格赴美國挑戰step3。

Step1&2是申請美國住院醫師訓練必要的前置步驟，而Step3則是行醫執照的筆試。考過USMLE後，通常得再加上美國境內醫院合格臨床訓練兩年，才可以申請行醫執照。

在當時「美國夢」的風氣下，我也不例外。事實上，在結束第四年住院醫師，向林宗義教授提出赴美進修的想法前，我就已經通過ECFMG考試，離出國留學只差臨門一腳。而在此時，美國精神醫界正經歷一場巨大的變動。

美國知名前總統約翰甘迺迪的大妹羅絲瑪麗，有著美麗的外表和出眾的氣質，卻是一名先天智能不足的障礙者，隨著年紀增長，後來甚至有精神疾病的傾向，行為常不受控制。在那個年代，優生學的觀念在美國相當盛行，社會不僅普遍視智能障礙為認知缺陷，甚至認為是道德瑕疵，身障及精神疾病患者

遭汙名化的情形相當嚴重。

甘迺迪的父母擔心她會惹出醜聞，影響到其他家人的前途，決定採用當時頗具爭議、後來被全球醫界廢除的「大腦額葉切斷術」，希望能根治女兒的毛病。沒想到這手術不僅沒有改善羅絲瑪麗的智力，反而導致她近乎完全失能：言語能力嚴重受創、頭從此歪了一邊、一隻腿形成奇怪的角度，無法自理生活。甘迺迪的父親於是偷偷安排她住進療養院，手術後幾年僅偶爾探望；母親甚至連家書中，都不再提及這個女兒。

在約翰甘迺迪擔任參議員期間，某次祕密探訪這位好久不見的妹妹，赫然驚見療養院常以不人道的方式對待精神病患，開始下定決心要立法保障身心障礙者的權益，決定把美國的精神醫療徹底進行一番大改革，並且將改善精神病人的治療方法當作競選口號，成為歷史上第一位將精神病治療作為重要政見的總統候選人。直到1960年甘迺迪當選美國總統後，依舊沒有忘記這項初衷，在1963年向美國國會提出多項政策，更發動了讓他留名世界史的「去機構化」運動。

當時美國有五十五萬名嚴重、慢性精神病患長期居住在精神病院，甘迺迪在對國會的報告中聲明，希望能廣建社區精神

復健設施，在十至二十年內讓半數精神病患回到社區。雖然甘迺迪後來不幸遇刺身亡，但他的後繼者做到了，而且進度超前，並引發了全球性的風潮，深深影響了全球上千萬名精神病患的命運。

　　儘管美國的去機構化運動算不上成功，因為太急於關閉精神病院，加上社區裡並沒有足夠的居住空間，導致許多精神病患淪為遊民，或因犯罪被捕入獄。

　　但任何改革的開始或多或少都有缺點，很難盡善盡美，必須要靠時間來改正，而當時甘迺迪總統提出的建言和政策，不可否認已為當時封閉的精神病治療環境灑進一道新曙光，奠下日後醫界研究精神藥理學的基礎。

一顆止痛藥的意外插曲

　　精神科的治療演變，在我擔任住院醫師時出現了轉捩點，當美國總統甘迺迪提出去機構化的同時，全球第一顆抗精神病藥物也問世了！

　　這個藥叫「Chlorpromazine」（WinterminR，穩他眠／溫特明）是最先用在思覺失調症（原「精神分裂症」，2014年正名）的藥物（Thoraine是在美國的廠牌名），它的出現，改變了思覺失調症的治療方法，也改變了醫界治療精神病的看法。

　　穩他眠是控制思覺失調症主要症狀的第一線藥物，由於治療效果不錯，至今仍被沿用。過去精神科醫師在處理情緒失控的精神病患時，不是靠著胰島素休克治療、就是靠著電療，倘若上述兩種方法都沒用，病人便會被五花大綁在床上，關進保護室內，這不僅限制了病人的自由，以現在醫界普遍的認知來看，還有可能讓患者的病情更加惡化。

臺灣在1960年進口穩他眠後，1964年林宗義教授便指派我到美國進修精神藥理學，在這之前，臺灣在這一塊所知有限，畢竟過去從未有人研究過精神藥理。有很長一段時間，我曾納悶當時為何林宗義教授會指定我去進修精神藥理學，後來一個人靜靜回想，也許這都得從一顆止痛藥的故事開始說起。

　　在擔任住院醫師第四年時，某一天，林教授把我叫進辦公室裡，當時我很緊張，不知道自己犯了什麼錯誤，沿路上不停想著，教授找我到底是什麼事？在那個年代，老師的威嚴是相當神聖不可侵犯，不像現在很多師長都可以和學生打成一片。所以「只要被老師『招喚』肯定沒好事！」幾乎是所有學生的共識，我雖然不是個會惹麻煩的學生，心裡多少還是有點擔心。

　　沒想到當我進入林教授的辦公室，畢恭畢敬地詢問老師有什麼事情的時候，他只淡淡地問：「我頭很痛，該吃什麼藥？」儘管當下我有點百思不得其解，教授為何會問我這個問題，但腦中卻也突然浮現幾天前在醫學雜誌上看到的止痛藥廣告，便推薦教授不妨試試看。不過畢竟是新藥，我也未曾嘗試過，對於藥效如何，自然也沒有把握，心中難免忐忑不安，整晚一直擔心不知道教授吃了到底有沒有效果。

好不容易捱到隔天一早，便跑到林教授的辦公室，詢問自己推薦的止痛藥有沒有效？關心林教授的頭痛問題解決了沒，沒想到，他很平靜又威嚴的回我一句：「你快把我害死了！」聽到林教授這樣說，我自然是緊張得要命，心想著不會吧！該不會自己看到的廣告誇大不實？但又在心裡暗自推敲著，我並沒有隨便胡謅一顆藥推薦給老師啊！

　　儘管我當下心中暗自吶喊冤枉，但還是冷靜的向林教授解釋那顆止痛藥的原理，告訴他為何會向他推薦這顆藥，也把先前看到的廣告內容全部仔仔細細說了一遍給他聽。

　　當時林教授一句話都沒說，只是很有耐心的聽完我的說明，現在回想，也許他是在試探我，畢竟能夠如此精神抖擻地進辦公室上班，頭痛的問題應該早就解決了才對。

　　而這也是我第一次和林宗義教授不問工作，私底下近距離的對談；也或許就是這顆止痛藥的意外插曲，奠下我未來的研究方向，開啟了之後到美國進修「精神藥理學」這扇學術大門。

You are the Leaders in the Future！

「You are the leaders in the future！」是我在臺大醫院做住院醫師的那五年，林宗義教授最常跟我們幾個住院醫師說的話，他用這句話勉勵我們。為了更扎實的訓練，他把我們都多留了一年，當其他科的同期同學都已經升上主治醫師時，我還只是精神科的總醫師。

但想要讓我們真的成為國內精神科未來的領導人，可不只是多一年住院醫師那麼簡單，為了完成這個願景，林宗義教授指派了莊明哲醫師到英國倫敦，專攻精神遺傳學；擅長研究數據的朱恆銘醫師被分配到夏威夷專研流行病學和社會心理學；而我則到美國，研究精神藥理學。

日治時期，臺灣的醫師都是接受日本教育，看的是德文教科書，一直到光復後，醫學系原文書才改為英文。林宗義教授是臺灣美援背景下，第一批留美的醫師，1952年從美國哈佛大學學成歸國後，便成為在臺大醫院精神科裡很受歡迎的一位年

輕學者。他創立了臺灣精神醫學教育的模式，展開了聞名世界的臺灣精神疾病社區調查研究，也重視學校和社區心理衛生工作。

　　林宗義教授致力提攜晚輩、訓練精神醫療相關的專業團隊人力，回臺後便開始積極安排，讓臺大更多精神科同仁有計畫的赴美深造，培養更多不同領域的精神醫療人才；1955年他被W.H.O.聘為精神衛生部門研究主任，負起國際精神醫學研究的指導角色，後來甚至在1974年擔任世界心理衛生聯盟主席。

　　他不僅是臺灣第一位精神醫學博士，也是國際重要的精神醫學先驅，更是臺灣精神醫界的拓荒者，為臺灣的精神醫學研究奠立基石，享有「臺灣精神醫學之父」美譽；我很榮幸能跟在林宗義教授底下學習。

　　在我擔任住院醫師第五年時，林宗義教授時任聯合國世界衛生組織（WHO）心理衛生聯盟顧問，1963年前往日內瓦開聯合國會議的時候，碰到了當時哈佛大學精神科主任、同時也是美國精神醫學會會長Jack Ewalt教授。

　　由於林教授和Jack Ewalt教授兩個人是舊識，交情很好，彼

此互敬，在偶然的機會下，林教授便向他提出派遣學生出國進修精神藥理學的想法，正好那時甘迺迪總統正力推精神病患去機構化的法案，才剛撥了一大筆經費給哈佛大學精神科，希望這些醫者能致力研究治療精神病患的良藥。

　　這筆經費足夠哈佛大學精神科招募75名住院醫師，加上Jack Ewalt教授和林宗義教授的好交情，當林教授開口，Jack Ewalt教授自然義不容辭，接下請託，而我也就這樣在林宗義教授的推薦下，當起了哈佛大學精神科住院醫師，展開我的美國夢。

第三部

學問的養成

月薪300美元到年薪7500美元的奇妙際遇

　　1964年，我離開臺灣到美國留學，當時臺灣人很嚮往美國先進和富裕的生活，只要提到美國生活，許多人腦中都會勾勒出好萊塢電影裡的畫面，男生開著帥氣的跑車，旁邊坐著身材火辣的美女，美酒佳人相伴，人間天堂也不過爾爾，所以，心中的期待和憧憬自然不在話下。

　　我是第一個被林宗義教授任命到美國進修精神藥理學的醫師。那個年代，想到國外留學的醫師，多半都是領著研究計畫到美國深造，但受限於與臺灣醫學院的合約或是英文能力的關係，大多數的人都只是去個半年一年、過個水就回來，我很幸運，因為出國時已經是臺大醫院第五年的住院醫師，因此沒有合約問題，在內政部批准兩年的留美申請後，便啟程飛往美國。

　　剛到美國的時候，我申請的計畫是林宗義教授與美國哈佛大學麻省心理衛生中心（Massachusetts Mental Health Center）

院長Jack Ewalt教授的合作，依照規定必須在哈佛大學擔任第一年住院醫師，薪資一個月只有三百塊美金，以當時美金兌換臺幣1比40的匯率來計算，如果在臺灣，看一場電影，大概要10塊錢臺幣，但去美國自助洗衣店洗一次衣服，就得花兩毛五美金（相當於10塊錢臺幣），等於洗一次衣服就能看一場電影，生活開銷很大。以我那時在哈佛大學領的微薄薪水，養自己一個人還過得去，但要養活一家人卻很勉強。

不過，人生有時就會有一些奇妙的際遇，就在那時發生了一件趣事。為了感謝Jack Ewalt教授為我引薦，我便親自到他家登門拜訪，當時我的英文程度還不是很好，大概只聽得懂三分之一，隱約記得Jack Ewalt教授跟我說他剛離婚，太太不在，家裡只有他一個人，但他很會做牛排，要我以後有空可以常去他家坐坐。雖然我並不是完全很清楚他在說什麼，但聽到這些關鍵字，我還是微笑地對他點點頭，表達支持，並要他好好保重。

沒想到隔不到一個月，林宗義教授剛好到波士頓參加一場學術研討會，遇見了Jack Ewalt教授，便向他問起對我的印象。當晚，林宗義教授告訴我，Jack Ewalt教授對我印象很好，還提到：「簡醫師是很好的精神科醫師，很能了解離婚的痛苦！」

儘管當時我只不過是出於禮貌的微笑示意，但對Jack Ewalt教授來說，卻印象深刻，而或許就是這場研討會，讓我很幸運地有了調薪的機會。

過了幾天，Jack Ewalt教授把我叫進辦公室，跟我說要幫我調整薪資。原來他在和林宗義教授巧遇後，偶然談起我的事情，才驚覺原來我在臺大醫院已經做了五年住院醫師，到美國卻一切歸零，一個月只領300美金，覺得我太委屈，因此便決定幫我調薪到年薪7500美金，相當於第三年住院醫師的薪資。

薪水三級跳後，我心想終於可以給妻兒好一點的生活品質，便打了通越洋電話，將太太及兩個年幼的孩子，接到美國，我們一家四口，還有一個即將出世的孩子，便開始當起異鄉遊子，往後的10年，再也沒回過臺灣。

第一篇論文的榮耀

　　在哈佛大學工作，我領取的是研究留學計畫，自然有出產論文的壓力。美國的論文格式要求嚴謹，每一句話都需要標明出處，不下點功夫，很難在學術期刊上被採用；而沒有被學術期刊採用的論文，基本上就像被宣判了死刑，等於前面的努力全部白費，所以論文往往都得一修、二修、再修，直到被肯定為止。

　　我的第一篇論文題目，是Jack Ewalt教授到南美洲參加一場國際精神藥理學會議帶回來的。

　　1952年，全球第一顆抗精神病藥物誕生，使得思覺失調症（原「精神分裂症」，2014年正名）的治療起了革命性變化，之後陸續有不少藥物被合成用來治療精神疾病，如Haloperidol（哈泊度）、Thioridazine（怡樂平糖衣錠）等，但也發生了不少副作用，包括錐體外徑症候群（extrapyramidal syndrome, EPS）、癲癇（epilepsy）、鎮靜（sedation）、性功能障礙

（sexual dysfunction）、泌乳素（prolactin）濃度上升，其中，又以EPS最具爭議性。

幾乎所有第一代抗精神病藥物（約60～80％）都會產生EPS副作用，當身體的運動系統受到某些干擾（如：藥物）導致無法正常靈活作用時，便會發生肌肉張力異常、類巴金森氏症、肢體僵硬或靜坐不能等現象。當時南美洲不少醫師深信，治療精神病患時，藥量得增加到患者出現EPS的症狀才會有效，但美國醫師對此態度卻很保留，認為這是變相地對患者造成傷害，讓病人對治療更加害怕、更加痛苦而已，其實並不需要。

到底抗精神病藥物是不是吃愈多愈有效？在兩派醫師爭論不休的情況下，Jack Ewalt教授便要我以此為論文題目，以公正客觀的立場，去研究精神病患服用抗精神病藥物治療時，是否真的得出現EPS症狀才算有效。

接到教授的指令後，我便開始在忙碌的工作中，抽出時間為我的論文蒐集題材。我把哈佛大學圖書館內所有跟EPS有關的書籍都翻出來，也找出了所有針對抗精神藥物的研究報告，一本一本、一篇一篇仔細翻閱，記錄下來，最後我的總結是，

讓患者出現EPS是不必要的！

　　這篇論文後來登上了全球首屈一指的美國精神醫學雜誌，還記得當時收到論文錄取通知後，我好興奮，覺得自己一年多來的努力終於開花結果，馬上寫信給臺大醫院精神科，向前同事們分享我的喜悅。畢竟論文能刊登在美國精神醫學雜誌，對每一個精神科醫師來說，都是莫大的榮譽，而我也成為繼林宗義教授後，第二位登上這本學術期刊的華人。

深入醫院，發掘問題

　　當第一篇論文順利刊登在美國精神醫學會雜誌，獲得回響後，Jack Ewalt教授便要我再接再厲，進行第二篇論文，並把研究觸角延伸至與病人合作的臨床實驗上。和以文獻資料為來源的研究型論文不同，臨床試驗必須深入醫院，因此Jack Ewalt教授安排我至麻省心理衛生中心，擔任波士頓州立療養院的精神科慢性病房主任，讓我能更了解療養院的近況，發掘適合的研究主題。

　　波士頓州立療養院當時住了一千多名精神病患，大部分的患者都合併有慢性病史，有些病人甚至形同被禁閉般，與外界隔絕近二十多年。然而，負責照料的護理人員卻人手不足，平均每位護士必須照顧二、三十名患者，護病比嚴重不平衡。

　　觀察到了這個現象，在任職病房主任約莫一個星期後，我便找了幾名護士，詢問她們，平常最忙的時候是什麼時間？每天花最多時間的地方在哪裡？結果幾乎每個護士都說，每天配

藥給病人吃，是她們最頭痛的時候。

當抗精神病藥物相繼問世後，患者往往一次得吃好幾顆藥物，護士不僅得依照醫師開的處方籤，把藥從罐子裡拿出來，仔細比對後，再一顆顆倒入和患者相對應的紙杯裡，送到病房給患者吃。更遑論許多病患常抗拒吃藥，有時還會趁著護理人員不注意時，偷偷把藥吐掉。

為了確保患者沒有作弊不吃藥，護理人員將藥送到患者手中後，往往不會馬上轉身離開，都會等到親眼看見每位患者都乖乖服藥後，才會放心。而這樣繁瑣的配藥流程，每天都得照三餐上演一遍，自然得花不少時間。

觀察到了療養院這種「奇特」的現象後，我便開始思索，有沒有什麼方法可以減少護理人員的配藥時間？我很天真的想著，若是把一天吃三次藥，縮減成一天吃兩次，早晚各一就好，假如對患者的病情沒有影響，那便能減少護理人員的時間了！不過，完成這項假說的第一步，就是得先確認，減少吃藥次數，對控制患者的病情到底會不會有影響。

我做了一個實驗，隨機抽樣一百個病人，將他們分成兩

組，一組照舊，維持每天服藥三次，另一組一天只要吃兩次藥就好。連續實施三個月，每天觀察藥效，結果證實，實驗組和對照組在治療的成效上，並沒有顯著差異。

這篇論文後來發表在護理精神科雜誌上，不少療養院也以此為依據，縮減患者服藥的次數，辛苦的護理人員也在減少了配藥時間以後，有更多與病人互動的機會。

「Good Grooming」改善精障者的社會功能

　　連續發表兩篇論文都得到不錯的回應，對我來說是很大的鼓勵，也讓我更有動力往精神科的研究路上邁進。在波士頓州立療養院第二年時，醫院來了一位職能治療師，不像醫護人員每天都得到醫院報到，職能治療師一個星期只要來四天。

　　在這位新的工作夥伴到職後不久，有一天他跟我說，這些住在療養院的病人很可憐，每個人看起來都很邋遢，不太在乎自己的儀容，男生幾乎天天穿睡衣，女生整天都披頭散髮，像行屍走肉一樣，沒有朝氣。他覺得要改善這些病人的生活品質，就得先從打理服裝儀容開始。我贊同他的說法，所以決定和他一起幫這些住在療養院裡的病人，進行一番大改造。

　　當時療養院又被戲稱為「Human Zoo」，暗諷裡頭的病人都像動物被關在鐵籠一樣，困在病房內，等著工作人員每天餵食三餐和藥物，看似生活規律，卻毫無尊嚴。

為了還給精障者人權，美國政府力推「去機構化」運動，大批長期被關在療養院、與世隔絕的患者，卻因為療養院關閉後，配套措施不夠完善，被迫關進監獄。要扭轉民眾對精神病患的刻板印象，敞開心胸接納他們，並不容易；時間倒轉至四十年前，在1930年代，只要療養院裡有病人不見了，社區就會響起警鈴，提醒街訪鄰居要提高警覺，注意人身安全，民眾對精神病患的懼怕有多嚴重，可見一斑。

　　我們自動自發為患者大改造的最終目的，就是希望能改善這些精神病患的社會功能和形象，不只重建他們的尊嚴，還要協助他們走出療養院，回歸正常生活。我們幫這個大改造計畫取了名字，叫「Good Grooming」。

　　一開始，每個禮拜固定在職能治療師來的那四天，幫病人上課，教他們梳頭髮、刮鬍子，接著再教他們如何把衣服穿的體面；漸漸地，有些病人開始學會打理自己，在意自己的容貌。為了檢視他們是否真的已有跨入社會的能力，我們還做了一個社會適應量表，每個禮拜為這些病人打分數，等到覺得大家已經差不多可以適應社會、與人互動後，再採用隨機抽籤的方式，把這些病人分配到政府核可的庇護工場。

在所有的病人都順利進入庇護工場後，我便以「Good Grooming」為主題，發表了我第三篇論文。和前兩篇論文一樣，這篇論文也得到了不少好評，我也愈來愈有信心，要把手中一百個病人全部從療養院放出去，讓他們不只有工作，而是能住進社區裡，更貼近人群

相信自己的病人，才能說服別人接納他們

當我提出「協助精障者走出療養院，回歸正常生活」的想法後，一名同為波士頓州立療養院的醫師，很好心地提醒我，這樣做是有危險性的，因為如果病人在外面出了什麼事，我有可能會吃上官司。同時，他也點出了問題所在：「這些住在療養院的病人，很多都是住了二十幾年，並非醫師不讓他們出院，而是他們的家人根本不希望他們回家。」

聽完同事的好心勸阻，我心裡明白，他說的話沒有錯！但儘管如此，我還是不想就這樣放棄。對我來說，這些精神病患是不能一輩子被孤立，畢竟在經過一連串的練習及安排後，他們也能夠自理自己的生活，打理自己的門面，甚至在庇護工場裡都能和同事相處融洽，為什麼不能回歸社會？他們不是動物，不該被關在療養院，而且，最重要的是，我相信我的病人，我相信他們有足夠的能力適應外面的環境。

所以當我聽了他的建議後，便很感激地告訴他，謝謝他提

醒了我沒注意到的事情！不過，我也不會因此就打消念頭，還記得當時我回他：「我不怕官司，也不怕被告，我只為了病人的利益考量，只要良心對得起自己，就無悔！」會這樣說，並不是想跟他比出高下，也不是要強調自己有多偉大的情操，只是想告訴他，當一個醫生自己都不能相信自己的病人時，還有什麼立場去說服別人相信、甚至接納他們呢？

然而，同事的「好心相勸」只是預告。當我要允許病人出院的消息傳開以後，某天我接到通知，說我被人檢舉了！而且檢舉我的人不是別人，正是其中一個患者的妹妹。

原來，這個妹妹在接到醫院通知，說要放她的姊姊出院後，便很不滿的打電話給麻省心理衛生局局長，說波士頓州立療養院來了一個很奇怪的華人，要把姊姊趕出醫院，但這個姊姊從小不正常，八歲的時候就被送到療養院，她自己都已經很久沒看到姊姊了，要是姊姊不繼續住療養院，以後出了事，誰該負責呢？

幸好當時麻省心理衛生局局長Milton Greenblatt，正好是林宗義教授在哈佛大學進修時的指導老師，加上我曾拜訪過他，對我印象還算不錯。在接到病患家屬投訴後，第一時間便幫我

說話，耐心地向對方解釋：「把病患從療養院放出來，是我們的總統甘迺迪先生也支持的，你要相信這對你姊姊有幫助，相信甘迺迪總統的提議，也要相信簡醫師。」

　　像這樣不同意親人出院的家屬，其實不算少數，但這並不擊垮我要將病人送進社區的決心。對我來說，肩上背負著林宗義教授的期許到美國，假如能在國外作當地醫師做不到的事情，也是一種成就。於是，抱著這股破釜沉舟的決心，我開始為這一百個即將出院的病人，尋找中途之家（Halfway House）。

為精障者找到敞開雙臂歡迎的房東

　　下定決心以後，我便開始思考，這些精神病患出院以後可以住哪裡？直到某天，我一如往常的進醫院工作，和同事打招呼，互道早安，突然看見某位同事的手上拿著一張傳單，當下彷彿當頭棒喝，突然想起醫院附近有很多出租公寓的傳單，或許透過這些廣告，就可以找到合適的房子，解決病人的住宿問題。

　　在蒐集完厚厚一疊的傳單後，我便帶著工作同仁一起跟著傳單上的住址，挨家挨戶訪問，尋找有願意讓精神病患入住的房東。只是要為這些與社會脫節許久的精神病患尋覓棲身之所，真的很不容易。幾乎每個房東在聽到我們的來意後，劈頭就問：「你有什麼辦法保證這些病人不會傷害到我的家人，甚至我的鄰居？」即便我們再三解釋，醫院一定是確保沒有問題時，才會同意讓病人出院，無奈大家對精神病患的誤解和歧見都太深，並不是我們三言兩語，就能輕易說服的。

常常一整個下午下來，只有吃閉門羹的份兒。在整個拜訪過程，我也悄悄歸納出幾種意見。有的人一聽到是精神病患就堅決反對，沒有絲毫妥協，對精神病的刻板印象根深蒂固，不為所動；有的人嘴巴歡迎，支持甘迺迪總統的看法，也認同我們的做法，但真的要和病人一起生活，就支支吾吾面露難色；只有極少數的人，是真的敞開心胸接納精神病友，用行動來支持，鼓勵他們走入社區。

　　我們很幸運，在拜訪了二十幾戶人家後，終於碰到了第三種，打開雙臂歡迎精神病人的房東。

　　那天，在吃了幾個軟釘子後，我們走到一幢三層樓的公寓前。我敲了敲門，應門的是一個黑人太太，在聽到我們是來為病人找「家」時，她便熱情的表達歡迎，小聊了一會兒後，才知道原來她之前也在波士頓州立療養院工作，是一名助理護理師，對醫療本身有一定程度的了解，所以不怕精神病患。雖然她和丈夫兩人都退休，家裡還有一個女兒，但他們一家人都很歡迎，願意盡力協助我們。

　　女主人的一番話，對找房子找了好幾天的我們來說，真的是喜出望外，也是很大的鼓舞，果然皇天不負苦心人，終於讓

我們找到了那個「對」的房東。我們興奮地開始著手準備，希望能盡快讓病人入住。

我們參觀了這棟屋子，三層樓的公寓裡，一樓住著房東一家人，二樓和三樓各有三間房，兩間大的一間小的，其中一層樓房東已經租出去。在仔細打量屋子後，我估算著大的房間可以住兩個病人，小的可以住一個，便將五位病人送來這個好心的房東家中，開始他們的社區生活。

團體治療的前身

　　有了成功案例,我和工作團隊更有信心,再接再厲為病患找房子,我觀察到在波士頓州立療養院周圍住著一些黑人,因為長期受到白人打壓,他們的經濟水平比較沒那麼理想,更需要「賺些外快」。而收容病患的中途之家可獲得社會局的補助津貼,因此,我便將目標鎖定在這些「特定族群」身上;在平均二十戶人家,只有一戶同意接收的情況下,終於把大部分的病人都送進中途之家。

　　由民間房東當簡易的醫療人員,為精神病友來復健的中途之家,是1960～70年代,文明社會普遍都認可的治療方法。在那個背景下,給精神病患合理且人道的治療,已成為全民共識。只是把病人放出醫院以後,能不能讓病人乖乖吃藥,卻成為醫護人員急需面對的一大課題。

　　在沒有護理人員緊盯的情況下,口服藥被認為是最不可靠的,幸好在這時,有藥廠生產了長效針劑型的抗精神病藥物,

病患只要每週，甚至每個月到醫院打一次針，便能確保療效。但這並不表示病人出院，就不關我們的事，在把病人送進中途之家後，我和我的工作團隊便開始進行每周一次的家庭訪問行程。

我們固定每個禮拜天進行中途之家的家庭訪問，每次訪問大概一個小時，大家會在客廳裡，圍成一個小圈圈，有房東、房東家人、病人、我和幾個護理同仁，有些家裡有養寵物的主人，甚至會抱著自己養的貓，或是把狗牽進來，一起聊天，分享彼此的生活，當然也能讓我們幾位醫療同仁更了解病人在中途之家的復健狀況，變相「監視」這些房東。

還記得第一次家庭訪問時，有病人分享，出院之後第一次在浴缸裡面洗澡，相當興奮。因為在療養院是不會有這麼奢侈的設備，所以看到浴缸，就很開心的泡澡，覺得躺在浴缸裡面感覺好自在，沒想到開心過頭，一泡就是好幾個小時，連女主人都緊張到去敲浴室的門，深怕他是不是出了什麼事。

當然，偶爾也會遇到一兩個病人跟我們抱怨，被房東或房東家人欺負了！好在這樣的比例並不高，大多數的病人在中途之家都能和房東相處得很融洽。

現在回想，這樣的生活分享，正是團體治療的前身。在這樣溫馨又歡樂的氣氛裡，大家圍在一起開心的談天說地，看著病人展開久違的笑顏，我心裡不禁感動著，也感謝這些願意收容精神病友的家庭，讓我更加相信，堅持讓病人走入社區是正確的選擇。

　　在這段研究期間，我也發現了一個很有趣的現象──慢性病人住在一般家庭裡，恢復得更快！於是美國政府便出錢鼓勵民眾「領養」患者，同時廣泛披露於報章雜誌上，其中迴響最大的，多是寵物雜誌的讀者。

　　剛開始，我們還很擔心，這些喜歡寵物的飼主將精神病患當寵物飼養是否妥當，深入調查後發現，原來寵物雜誌的讀者大都富有愛心、耐心，喜歡照顧別人，所以只要有利於社會公益的事，都會比較積極參與。而領養精神病患需要加倍的勇氣和毅力，不是普通人能做到的。

　　由於針劑型的抗精神藥物解決了病人服藥的問題，加上在中途之家復健，病人能更快速地重建自信，找回自己的社會定位，因此後來這家研發針劑型抗精神藥物的藥商便出資，將整個治療過程拍攝下來，記錄病友在一般社區中生活的情形，並

製成一部紀錄片《A Way Out》，在全世界六十二個國家放映，佳評如潮，還獲得最佳醫學紀錄獎。

　　這部紀錄片，呈現了精神病患的真實狀態，讓更多民眾了解到這些離開杜鵑窩的病人，真的不如想像中可怕；而我的知名度也因此大大提升，更有興趣繼續進行精神藥理學的研究。

一戰成名的啤酒創新研究

　　試想一下，當你頭疼欲裂，痛到不行的時候，你想吃一顆止痛藥來緩解，不過，在同等劑量的情形下，在五星級高檔飯店裡和吵雜無比的菜市場服藥，哪一個會讓你覺得比較有效呢？

　　我想，可能大部分的人都會選擇前者，總覺得聽著美妙的音樂，優雅愜意的服藥，應該會比在又吵又髒的環境還要有止痛效果吧！但真的是這樣嗎？

　　我也曾經好奇過答案會是什麼，加上天生就愛勇於嘗試的性格，所以當我在波士頓州立療養院擔任病房主任時，便突發奇想，做了一個研究，想要探討藥物和環境間的交互作用。為了能徹底釐清周遭環境對病人是否真的有影響，我還異想天開地把外國人最喜歡的酒吧文化融入研究中。

　　想要明顯的看出環境的影響，就得製造出極端的環境。於

是，我把幾間病房設計成酒吧，播放慵懶的爵士樂，找來穿著迷你短裙的年輕辣妹當服務生，幫忙倒酒。只要被分配到酒吧房間的病人，都能在這裡優閒地聽音樂，和辣妹服務生聊天、講笑話。

等到環境打造完成，我便隨機抽樣，把病情比較沒那麼嚴重的病人分成四組，每組十個人。其中，第一組只喝啤酒，不吃藥；第二組一樣不吃藥，但喝橘子汁；第三組定期服藥，但沒有啤酒和橘子汁可以喝，不過和前面兩組一樣，每個禮拜都有五天的時間，能在充滿歡樂氛圍的酒吧病房裡，舒服的享受一個小時的時光。至於第四組對照組則是維持原狀，待在一般的病房裡，定時服藥。

實驗進行了三個月，在這期間，醫療人員沒有介入，只是像個旁觀者觀察病人的變化。果然不出所料，有了每週五天例行的酒吧時光後，這些被分配在酒吧房裡、原本披頭散髮的病人，都變得開朗許多，還會開始注重起服裝儀容，有的甚至還會打起領帶，梳上整齊的頭髮，帥氣地參加這個歡樂的午後聚會。

不過，光是靠這些來評斷藥物和環境的關聯，未免太牽

強。於是我和研究團隊一起做了一個表格，用來測試患者的精神狀態。

結果，出乎意料的，四組當中，只喝啤酒、不吃藥的組別，病情改善的狀況竟然最好！至於按時服藥的兩組，不論是在酒吧房裡，還是在普通病房裡服藥，藥效都沒有顯著差異。而只喝橘子汁的組別，雖然有進步，但效果最差。

透過服藥的兩個組別，證實了環境和藥物間其實並沒有直接關連，之所以會覺得在五星級飯店吃止痛藥，效果會比在菜市場、甚至馬路邊吃還要好的人，也只是心理因素作祟罷了！

但到底為什麼不吃藥，只喝啤酒的患者，療效反而比吃藥的組別還要好呢？這大概得從當地的種族文化開始說起。

1820年代，由於第一波歐洲移民潮的到來，原本以英國清教徒移民為主的波士頓，人口結構開始發生戲劇性的變化。大批愛爾蘭人移居該市，成為當地最大的族裔群體，根據人口統計，愛爾蘭裔占該市人口的15.8％。從二十世紀初起，愛爾蘭人開始在波士頓政治中扮演重要角色，甘迺迪家族就是其中的傑出代表之一。

而愛爾蘭人嗜杯中物（啤酒、威士忌），是眾所皆知的事情。世界上最早的蒸餾酒，傳說就是由愛爾蘭和蘇格蘭的古代居民──凱爾特人在公元前發明的；威士忌在凱爾特人的語言，意為「生命之水」。即便移民到了北美洲，愛爾蘭人對酒的喜愛仍未消逝。

　　波士頓以愛爾蘭人為主，在當地，這些愛爾蘭裔下班後，喜歡到酒吧（pub）喝一杯，再回家。愛爾蘭的酒吧文化崇尚「快樂、音樂和美酒」，「一定會有樂團演奏」是最大特色。大口喝酒，大聲聊天，還有音樂現場大聲演奏，這就是典型的愛爾蘭酒吧。

　　回過頭來說，這些在療養院裡治療的病人，大多都是愛爾蘭裔，他們被關在病房裡，無法盡情享受這種酒吧文化，原本他們的生活，啤酒是每天最重要、不可或缺的舒壓方式，但在醫院裡，變成禁忌。這種每天來一杯的習慣，被硬生生壓抑住，也難怪會很痛苦了！而我們研究團隊一起布置的酒吧病房，正巧解決了這些問題，讓他們能在熟悉的酒吧文化裡，重拾自信，也因此，就算沒有藥物輔助，病情還是能獲得改善。

　　這項研究發表後，獲得精神醫界高度關注，我證明了「環

境治療（Milieu Therapy）」對老年人的療效。那一年，美國精神醫學會一年一度的年會在舊金山舉辦，我受邀演講關於這項研究的細節，吸引不少媒體爭相報導，包括美國最大的兩家雜誌《TIME》和《Newsweek》，以及當地發行量最高的報紙《San Francisco Chronicle（舊金山紀事報）》都有派記者前來採訪。

不只因為研究結果出人意料，研究題材也很創新，畢竟在此之前，從來沒有人想過要把啤酒拿來當作研究項目，為了在醫院布置酒吧、讓病人喝啤酒，還被醫院倫理審查委員招喚幾次；不過，贊成這種尊重病友文化背景、藥理及心理互動的人性治療方式，還是大有人在。儘管研究過程一波三折，這項創舉，還是讓我一戰成名，這一年，我39歲，被提名升為教授。

因緣際會展開定居美國的人生

　　當初來美國時，未曾想過會長期定居下來，總想著等簽證到期就回來；在通訊還不是很發達的年代，想念臺灣親友也只能靠書信往來，加上許久沒見過家人，也很想念，沒想到正當我在心裡默默倒數回國的日子時，一個偶然的研究計畫插播進來，讓我不得不在美國又多待了幾年。

　　我在美國研究的工作，進行得順利，也很能適應這裡的生活，待到第五年時，眼見自己的簽證即將到期，說實在話，心裡變得有點猶豫，也希望有機會能留下來繼續研究。

　　在美國的第五年，連續三篇論文都登上了國際期刊，加上把一百個病人送出療養院的「事蹟」，讓我有了些小名氣，不久有個同事找我一起合作，接下了美國國防部的研究計畫，也因為參與這研究計劃，因緣際會下，讓我在美國定居下來。

　　1955年開戰的越南戰爭，是美國在第二次世界大戰過後，

參戰人數最多、影響最重大的一場戰事。從艾森豪總統開始援助南越，甘迺迪總統任內參戰，一直到1975年戰爭結束，前後經歷了五位總統，二十年的戰役中，至少有五十五萬名美軍進軍越南，死亡人數接近六萬人，總花費超過2500億美元。這場「打不贏的戰役」，至今仍是不少二十世紀美國人心中永遠的痛。

剛到美國時，正好是美國派兵加入越戰不久，在此之前，美國只提供顧問協助，當時一位美國知名的睡眠專家Ernest Hartman正好接到國防部的研究計畫，要研究阿兵哥在戰場上可以不睡幾個小時。由於我的專長是精神藥理學，很榮幸的被研究召集人相中，受邀加入這項研究計畫。

國防部的研究不管對哪個國家來說，都屬於最高機密。美國政府擔心我會洩漏研究中蒐集到的資訊，影響國安，加上當時三個小孩都已經上了幼稚園和國小一年級，為了不影響孩子的學習，我便延長了居留時間，參與了這項研究計畫，負責進行研究中的雙盲實驗，從此展開定居美國的人生。

感謝美國遇見的每一位貴人

　　我是在1964年赴美深造，那一年我31歲；抵達美國後，苦熬了四年多，終於升格為主治醫師；並在39歲那一年，被提名為教授。在美國二十六年，我從哈佛大學精神科住院醫師一路升到教授，在旁人眼中看起來或許平步青雲、一帆風順，但我心裡清楚，這些成就與幸運，一路上要感謝不少人。

　　從剛到美國擔任住院醫師，直到退休，六十幾年來，我在國際期刊上一共發表了116篇研究論文，但如果你以為我是天生很會寫論文，那可就大錯特錯，因為對我來說，這都得感謝指導我撰寫第一篇論文的啟蒙恩師Albert Dimascio。

　　Albert Dimascio是哈佛大學畢業的心理師，嚴格說起來算是我的前輩，在我到美國第一年，Jack Ewalt教授便要我以「抗精神病藥物是否真的得吃到出現EPS（錐體外徑症候群）症狀，才算有效？」為題，作為我的論文處女作，當然這也是我第一次用英文寫論文。Jack Ewalt教授擔心我不會寫，便找了

Albert Dimascio來指導我，要我向他學習如何寫英文論文。

　　整整一年的時間，我和Albert Dimascio每個禮拜都會固定會面一次，他總是很有耐心，帶著我一字一句修改、檢討我的論文。在反覆退件、修改又退件的過程中，我也曾經不耐煩、相當氣餒，有時語氣還會不太高興，但面對我的負面情緒，Albert Dimascio依舊保持他的好脾氣，還鼓勵我不要放棄。最後在一百篇投稿，僅五篇能脫穎而出的情況下，這篇論文順利登上了精神界裡首屈一指的國際期刊《American Journal of Psychiatry》。

　　從Albert Dimascio的身上，我學到了什麼叫做「耐心」，他教會了我如何有耐性地寫論文。雖然後來Albert Dimascio因為心臟病不幸離世，但我心底始終滿懷感恩。

　　麻省心理衛生局局長Milton Greenblatt，是美國遇到的第二個貴人，因為他，讓我更堅定地完成把病人送出療養院的計畫。

　　Milton Greenblatt是林宗義教授在哈佛大學進修時的指導老師，當我在波士頓州立療養院被病患家屬投訴時，Milton

Greenblatt第一時間就站出來支持我，並替我說服對方。

　　林宗義教授希望我到美國能專研精神藥理，而Jonathan Cole教授不僅是美國精神藥理學始祖、國家心理衛生研究院（NIMH）精神藥理所所長，也是在美國影響我最多的老師。跟在Jonathan Cole教授底下學習做研究，我們一共發表二十幾篇論文，是和我「合作」最多篇論文的「好夥伴」。

　　中國人常說「長江後浪推前浪」，對我來說，除了這些令人景仰的「前輩」外，我也遇過不少「後輩」讓我打從內心敬佩不已的，像來自日本的風祭元就是其中一位。

　　我到波士頓州立療養院五年後，風祭元來到美國進修，不過因為他的英文不是很流利，加上我會講日文，Jonathan Cole教授便把他安插在我這邊，希望我能帶著他一起做研究。

　　「真的是很標準的東京大學高材生！」是我對風祭元的第一印象，而且這個印象，在和他共事那三年始終沒有變過，只要一做起研究來就非常認真投入，風祭元不僅做事可靠，還精通法文和德文，常常有些沒有英文翻譯的歐洲論文，都是靠他來幫忙講解。雖然比我小三歲，但他的勤奮毅力，著實令人激

賞。

　　直到風祭元離開美國，返回日本當教授，我們都有保持聯
絡，八年前我還能活動自如時，曾到日本拜訪過他，當時他已
經是日本歷史最悠久的精神病院——松澤療養院院長。

　　不過，說到提拔我，Jack Ewalt教授和Robert Pasnau教授功
不可沒，他們是對我影響最深的兩個人，如果沒有Jack Ewalt教
授為我調整薪資，讓我能把妻子和小孩接到美國一家團圓，或
許我也就不會繼續留下來做研究。沒有Robert Pasnau教授為我
居中安排協調，帶我開拓視野，也許我就不會有機會認識到這
麼多國際上知名的精神界大老。

　　感謝這些生命中的貴人，那些有貴人相伴的日子，是促進
我成長最多的時光，也是成就我未來不可抹滅的重要推手。

第四部

遊子的心

國建會牽起家鄉情

　　臺灣自1965年經濟開始起飛後，工業建設迅速成長，但是公共設施及重要原料卻供不應求，經濟發展受到限制；加上1973年爆發第一次石油危機，造成全球經濟不景氣、各國通貨膨脹，以及退出聯合國後的孤立情勢，政府於是決定調整出口擴張政策，轉向發展重化工業，並由行政院院長蔣經國計畫，在臺灣展開一連串基本建設，希望能建立一套自立的經濟體系。

　　從1974年動工到1986年完成，投資總額高達新臺幣2094億元，儘管當時引起不少輿論爭議，但十大建設無可否認地對吸引外國投資與產業發展有著不可言喻的貢獻，而我也受惠於十大建設和國建會，在赴美十年後，終於有機會返回臺灣。

　　1970年代初期，在臺灣的中華民國政府，有鑒於海外華人在學術、專業領域方面高度的成就，開始邀請僑居國外的學人，利用暑期回國，舉行研討會議，對政府各項施政提出評估

和建言。1974年，我很榮幸地接到國建會的邀請，重新踏上這塊熟悉又陌生的土地。

還記得抵達臺灣那天，父母來機場接機，許久不見的母親激動地抱著我，眼眶含著淚水，畢竟她怎麼也想不到，我會離開這麼久；倒是父親看起來十分平靜，沒有母親那樣激烈的情緒起伏。

從機場開回老家的路，其實不遠，但那天我卻覺得距離變的好近。我坐在車內，邊跟久違的父母聊天，邊望著窗外的街景，一別十年，臺灣的改變讓我大開眼界，原本的農田少了，多了幾棟新穎的華廈大樓，和記憶中的模樣有點不同，我驚訝又期待的看著家鄉的改變，思緒也悄悄回到過去的時光，還沒回過神來時，我們就到家了。

那天晚上，隔了十年終於吃到想念已久的家鄉味，一股莫名的感動在胸口翻滾著，和家人圍在一起吃飯話家常，看著父母臉上的皺紋和日漸雪白的頭髮，我心底暗自下了決定——如果有機會，我一定要回來臺灣。

擦身而過的長庚醫院院長

　　當人民生活水平日漸提昇時，臺灣整體的醫療水準卻仍待加強。1971年臺灣總人口1484萬人，但醫師卻只有15694位，醫院總病床數僅11518床，等於平均每一萬人只有7.3位醫師和8張病床可用，醫療體制不夠健全，國人生病就醫常困難重重。加上欠缺適當的學習場所，不少醫學生只好遠赴國外進修，造成人才外流；學成後，也因為國內醫院不足，而無法回臺服務。

　　台塑企業創辦人王永慶與王永在看到臺灣醫療的不足，想起父親王長庚先生正是因腹部急症不幸辭世，為了防止相同的悲劇重演造成遺憾，兄弟兩人遂於1973年捐贈創院基金，1976年12月在臺北正式成立「財團法人長庚紀念醫院」，兩年後，林口長庚醫院便在萬眾矚目下隆重開幕。

　　1978年暑假，我返臺參加國建會一年一度的研討會，距離林口長庚醫院正式營運只剩下不到半年的時間，眼見各科主任皆已找齊，卻獨缺院長和精神科主任，陳德昭醫師便向王永慶

先生推薦我，邀我一起共進晚餐。

陳德昭醫師是國內知名的白內障專家，在醫界頗負盛名，王永慶先生成立林口長庚醫院後，便將他攬去做眼科部主任。我還記得那天我和陳德昭醫師到王永慶先生家時，三娘李寶珠女士一見到我們便很熱情的款待，儘管貴為董娘，還是親自買菜下廚，炒了一盤炒飯，十足的貴賓禮遇。

那頓晚餐氣氛很融洽，我們一邊品嘗著李寶珠女士的手藝，一邊聊著天，談時事，也談政治。正巧當時臺灣民眾對精神病的認知才剛萌芽，王永慶先生便詢問我，關於治療精神病患的想法。

聽到王永慶先生的疑問，我很自然地談起將波士頓州立療養院裡一百位病人放出醫院、送入中途之家的往事，很肯定的告訴他，精神病患不該像寵物一樣被關在療養院裡。正好當時我正準備在加州大學洛杉磯分校設立基金會，便順道向王永慶先生談起，希望能有機會獲得贊助。

可惜當時王永慶先生聽到我要把病人送出療養院，便皺起眉頭，一臉不可置信的模樣，顯然並不是很贊成我的作法。我

並不意外他的反應，畢竟當時臺灣精神醫界對處置精神病患還很保守。不過，對於我提起的基金會，王永慶先生倒是很熱情回覆，強調只要臺灣政府同意企業家資助國外基金會，他一定慷慨解囊。

儘管在處置精神病患上，我和王永慶先生意見相左，但那頓晚餐還是在陣陣歡愉聲中結束；後來王永慶先生趕著出門處理公事，我和陳德昭醫師也就先行告辭，準備回家休息，參加隔天的國建會研討會議。

好巧不巧，國建會正好安排了一項行程，要帶我們參觀臺北長庚醫院。參訪前，我們一大夥兒人在公關的帶領下，來到會議室，聆聽簡單的醫院簡介，期間，王永慶先生也以創辦人身分上台致詞，而我也意外成了全場焦點。

老實說，我也記不清楚王永慶先生當天致詞的內容，只依稀記得他說了一句：「我聽說今天台下有一位剛從美國回來的簡醫師，他對我們即將成立的林口長庚醫院很感興趣……」乍聽到這句話，我很是驚訝，不懂為何王永慶先生會這樣說，但當下我也沒有多想，只是冷靜地壓下滿肚子疑惑，微笑地回應大家的注目禮。

只是我怎麼也沒想到，王永慶先生在全體國建會人員面前提起我的名字，竟會被視為天大的八卦，沒多久我受邀到王永慶先生家中共進晚餐的消息也跟著不脛而走，接著幾天後，我便接到了好幾通「問候」電話。

　　第一通來電是我在外面開業的臺大同學，在聽到傳聞後，馬上打電話來關心，「聽說你要做院長了！」聽完他的詢問，我內心自然是震驚不已，已經不是「驚嚇」兩個字足以形容的，忙著跟他解釋沒這回事。而他在聽完我的澄清後，也以老同學的立場，奉勸我要好好想清楚，還很仔細地向我分析利弊。

　　我在電話這頭，安靜的聽著這位多年不見的好友詳盡的分析，就像局外人看戲，一副事不關己的模樣，因為我真的壓根兒沒想到一場簡單的飯局竟會被這般解讀。

　　一直到國建會研討會告一段落，我回到加州大學，這齣「接任院長」的戲碼才終於落幕，而我也在這次的事件中，見識到八卦驚人的威力。

白色恐怖下的異鄉遊子

　　1976年，我受聘到加州大學洛杉磯分校擔任精神科教授，相關研究論文持續發表的同時，我也沒有放棄想回家鄉的念頭。1980年以後，我平均每年都會回臺灣一到兩次，不只為了參加學術研討會，也想回來多陪伴年事已高的父母；1986年，我受邀赴南京大學擔任客座教授，離家鄉又更近了一些，在那一個月裡，我也更加篤定要回臺灣的心願。

　　過去，因為國民黨政府頒布《臺灣省戒嚴令》，喊著「檢舉匪諜人人有責」口號，民眾人心惶惶，深怕被扣上匪諜的帽子。也因此從1949年開始，一直到1987年解嚴前，告密者隨處可見，在那段灰色時光，為求自保，出賣鄰居的人比比皆是，經常造成冤死、冤獄，人與人之間的信賴感盡失，人民的生命、財產、健康以及心靈上都遭受嚴重損害。

　　加上彭明敏被捕入獄後，逃亡海外的前車之鑑，讓許多高知識分子都不敢留在臺灣，出國留學後就滯留海外、沒回來的

人不在少數，就怕成為白色恐怖下的犧牲品。我雖自認沒有發表過什麼臺獨宣言，對政治也沒那麼熱衷，但在美國待過一陣子，嚮往自由人權的生活慣了，難免害怕會成為俎上之魚。所以一直到1980年，臺灣日漸開放後，我才開始頻繁的進出臺灣。

幾次回來，在國建會的引導下參觀十大建設和醫療院所，在在都令我大開眼界，當時醫界盛傳：「要看一間醫院有沒有進步，看他的精神科設備就知道！」因此政府也開始開放外賓參觀心理衛生設施，希望能展現臺灣的進步。在那個時候，許多臺灣新建的精神病院，都比美國老舊的醫院有過之而無不及；不過，說到讓我最難忘的，還是去參觀市立療養院那一天。

臺北市立療養院是現在臺北市立聯合醫院松德院區的前身，位於臺北市信義區風景秀麗的象山登山步道口，1969年李登輝任臺北市長時創立，2005年配合臺北市政府醫院整併，成為臺北市立聯合醫院松德院區，又稱為臺北市立聯合醫院精神醫學中心（Taipei City Psychiatric Center）。

臺北市立療養院是臺灣第一間獲得教育部及衛生署認定的

精神科專科教學醫院，也是臺北市政府衛生局所屬，唯一與心理衛生、精神醫療有關的精神科專科醫院。只是在該院成立時，民眾對精神病患的態度仍處在害怕、恐懼階段，所以療養院特地蓋在偏遠的象山上，遠離市區，畢竟在1970年代，信義計畫區還未開發，現在百貨林立的蛋黃區，只有一大片農田、軍營和垃圾堆，「把精神病患關在這裡最適合不過了！」是當時社會普遍的共識，更別提當時很多民眾根本不知道什麼是「療養院」。

「想去市立療養院，得先通過被蛇咬、被子彈打中的危機，才能到達。」聽起來像是一句玩笑話，但在當時確是如此，沒有天大的勇氣，幾乎沒人敢「經過」療養院，直到後來，葉英堃教授在市立療養院辦了一場國際研討會，邀我回來演講關於精神藥理學的研究，並帶著我們逐層導覽，才改變我的印象。

1969年，葉英堃教授從臺大醫院借調到臺北市立療養院，擔任創院院長，在荒僻的山坡地上，從水電、工程的規劃做起，歷時二十年，讓原本位於五分埔公墓旁的療養院，變成臺灣精神醫學重鎮。

那次參觀，看著眼前新穎的醫療設備、乾淨的走廊和寬敞明亮的病房，心中驚訝之餘，更多的是感動，甩開以往骯髒、簡陋又老舊的「瘋人院」形象，眼前的臺北市立療養院不只是窗明几淨，還隱隱透出對精神病患的重視。我知道，合理的對待精神疾病患者，臺灣已經做到了！

解嚴前的螢橋國小潑酸事件

　　當其他療養院還是把病患關在鐵籠內，過著不見天日的生活時，臺北市立療養院在葉英堃院長的帶領下，不論在硬體設施，還是治療層面，都是當時臺灣精神醫療的引航者。只是在精神醫療日漸文明，轉向理性治療時，一則轟動全臺的新聞事件，卻將一切打回原形，民眾對精神病患的恐懼，也再次被挑起。

　　1984年3月30日下午3點半，臺北市螢橋國小二年一班教室內，四十二名學生正在課後輔導班專心作圖自習，沒想到此時一名男子卻忽然闖入，手上還拿著一個白色小帆布袋。正當大家都還反應不過來時，這名男子一言不發地拿出一個裝滿硫酸的油漆罐，打開蓋子，潑向正在上課的學童與輔導老師，教室內立即傳出一片慘叫聲，而這名暴徒在得逞後，立即取出隨身攜帶的尖刀，猛刺自己心窩身亡。

　　在臺北地檢署檢察官的追查下，赫然發現兇手是34歲、家

住桃園的油漆工蔡嫌，且根據鄰居的說法，警方得知蔡嫌和妻子兩人疑似都患有精神疾病，霎那間社會輿論對精神疾病的汙名再度翻騰，民眾內心的恐懼和不安也攀到了最高點。

至於受傷的學童，在和平醫院醫護人員全力搶救下陸續返家。傷勢嚴重的官聲彥則被轉送至三軍總醫院，此時他已雙目失明，且尚未脫離險境；另外還有兩名學童一眼失明。

為了照顧受傷學童，臺北市教育局緊急指派螢橋國小三十多位教師，再抽調北市二十七位學校護士，全天候輪值一對一看護；同時調派六所附近學校的老師到該校代課。

可惜當時臺灣仍處於威權社會，殘障福利的觀念也不足。無論是疑似罹患精神病的兇手，或是顏面傷殘的學童，都不在殘障保護的範圍內。

其實，暴徒闖入小學教室潑酸的案例，螢橋國小並非首件。1970年4月8日，疑似精神失常的男子吳文苑，衝入彰化縣員林國小一年辛班教室，以強酸潑灑該班學生，造成四名學童重傷、七名輕傷。但兇手僅被關了三年，也未強制就醫；而小學設立警衛的制度，也是一拖再拖，果然在十四年後，又在臺

北市爆發了更嚴重的「螢橋事件」。

「Time heals all wounds.（時間會治癒一切創傷）」是亙古不變的真理，無論如何，喧騰一時的螢橋國小潑酸案，終究還是隨著時間沖刷，悄悄落幕。

儘管在法律上無法起訴兇手，卻促成臺北市政府不待中央撥款，就自行籌資聘僱學校警衛，在保障學童安全上，算是功德一件。然而，民眾對精神疾病的懼怕，卻也因此更加根深蒂固。

從龍發堂事件到精神衛生法的成立

　　時間或許沖淡了民眾對螢橋國小潑酸案中，受害學生的同情，但社會對精神病患的誤解和刻板印象，依舊存在。當人人視精神病患為不定時炸彈、避之惟恐不及時，龍發堂開山住持釋開豐卻反其道而行，收容大批遭社會排擠的精神病患，領導一群出家弟子在高雄縣路竹鄉打造「龍發堂傳奇」，更在臺灣的精神醫療史，引爆許多爭議性話題。

　　在釋開豐的領導下，龍發堂逐漸朝向多元、企業化組織發展，全盛時期，收容的精神病患人數曾高達八百多人，很難想像一間廟宇竟會成為全臺最具規模的非法精神病患收容機構。在1980年代，「龍發堂」幾乎已成為精神病院的代名詞。

　　由於龍發堂不鼓勵打針吃藥，標榜只需靠著「感情鏈」，外加工作療法，就可以穩定病情，讓愈來愈多精神病患家屬聞風而至，紛紛把患者送進來。沒想到龍發堂違法收容精神病患，這個在當時不能說的「祕密」，卻因為患者脫逃而浮上檯

面。

　　1984年，一名長期被關在龍發堂的病患戴著手銬逃出，沒想到卻被居民誤認為逃犯，警方接獲通報後，調派霹靂小組前往圍捕，引起國內震撼，連美國媒體都有報導。

　　直到後來，相關人員出面解釋，大家才明白，原來這個手銬，正是龍發堂住持釋開豐獨創的「感情鍊」民俗療法，他將一條鐵鍊分別扣在症狀比較輕微和嚴重的患者腰上，讓二人生活作息全綁在一起，達到「以動帶靜」、「以靜制動」的平衡效用。

　　在輿論嘩然中，龍發堂的生活也隨著媒體曝光，攤在大家面前。釋開豐不僅用感情鍊栓住病人，甚至在堂內塑像，供患者頂禮膜拜；而居住在堂內的患者平日除了禮拜，還必須養豬、養雞、裁縫加工，或是組樂團到外地公演，自力更生。

　　雖然龍發堂這種「心病還需心藥醫」，不用吃藥打針，沒有醫生和護士醫療的民俗療法，在當時顯得獨樹一格，吸引不少國際媒體爭相報導，住持釋開豐更受邀赴國外參與醫學年會，發表其自創的治療方式。但龍發堂卻也遭到不少控訴，甚至有家屬反彈，抗議龍發堂長期凌虐病患並斂財；用鐵鍊將數

百上千的病人鍊住的管制方式，也引發外界批評不人道、虐待病患等爭議。

龍發堂事件過後，時任衛生署醫政處處長的葉金川便提出精神疾病防治計劃，好不容易1990年11月立法院三讀通過《精神衛生法》，並於同年12月7日公告實施。

從許子秋擔任衛生署長任內時提出，《精神衛生法》紛紛擾擾九年多，終於拍板定案，明定國家必須提供精神病患適當的醫療服務和設施，並保障精神病患的人權。

龍發堂這塊燙手山芋，也在2003年由高雄縣政府核准就地合法化，備受矚目的存廢爭議總算圓滿結束。臺灣精神病患的人權，也在此時終於得到法律保障，直到2007年《精神衛生法》修訂，把原本機構化照顧去機構化，並由政府帶頭推行職能復健，鼓勵病患回歸社會後，才終於緩解精神病患汙名化的問題。

儘管二十六年後，政大搖搖哥（編按：政大搖搖哥事件，發生在2016年3月31日的臺北市，一名經常出沒於國立政治大學，暱稱「搖搖哥」的丁姓男子，因精神障礙於當日下午遭強制送醫，因涉及

人身自由，後經臺灣臺北地方法院新店簡易庭裁定釋放）被警方用救護車帶走，強行就醫的新聞，讓年久失修的《精神衛生法》再度引起關注，但《精神衛生法》的建立，在封閉保守的年代，確實成功喚起社會大眾對精神病患者的正視，讓臺灣的精神醫學往前邁進一大步。

擔任美國FDA藥物審查委員，
參與「百憂解」審查

　　如果說到美國進修精神藥理學，最能跟林宗義教授交代的一檔事，大概是我曾獲美國食品藥物管理局（U.S. Food and Drug Administration，FDA）之託，擔任藥物審查委員。

　　在1992年美國國會通過「處方藥使用者費用法案（Prescription Drug User Fee Act, PDUFA）」以前，一款新藥若要通過美國食品藥物管理局的審查，從遞交申請到核准上市平均需花費30個月的時間；對比新藥申請流程加速後，如今新藥從審核到上市只需15個月，整個過程可說是曠日廢時。

　　尤其在二十多年前，美國食品藥物管理局的新藥審查可是出了名的嚴格，不僅僅是流程繁瑣而已，對審查委員的要求也很謹慎，就算被提名也未必就能通過審核，成為審查委員，像我就被提名了兩次才通過。

1986年，在我回臺灣的前四年左右，我曾接獲美國食品藥物管理局的通知，他們來電告訴我，有人在國際期刊上看見我發表的幾篇關於精神藥物的論文，推薦我擔任藥物審查委員，問我有沒有意願。

　　我聽了以後很高興，感覺多年的努力終於被看見，掛上電話以後，馬上就整理簡歷和自傳，寄給美國食品藥物管理局。沒想到資料寄出後卻遲遲沒有消息，等了幾個月，終於耐不住性子，播了電話詢問結果如何？只是很遺憾地，我並沒有被選上，雖然心中難掩失望，但也就只能再等其他機會。

　　兩年過去，某天接到電話，通知我被錄取成為審查委員，幾天後我就接到聘書，正式成為美國食品藥物管理局藥物審查委員，禮來藥廠1987年推出的「百憂解」（Prozac），則是我接手的第一個case。

　　還記得，當時代表禮來藥廠提出申請執照的一群專家中，有一位華籍的藥理學博士，在冗長嚴密的審查過程中，他顯得很緊張，直到後來藥物審核通過，才放鬆許多。

　　百憂解（Prozac）學名為Fluoxetine，是讓選擇性的血清素

回收抑制劑（SSRI）這類藥物廣為人知的開路先鋒，舉凡憂鬱症、恐慌症、強迫症甚至暴食症，都是這類藥物的治療適應症。

憂鬱症不只是心理或精神上的問題，也是生理上的疾病。研究發現，人在憂鬱的時候，腦神經細胞間傳遞訊息的化學物質也會受影響，最常提到的是血清素（Serotonine）及正腎上腺素（Norepinephrine）起了變化，而服用抗憂鬱劑可以調整這些化學物質的平衡，來改變憂鬱情緒。

在百憂解出現之前，臨床上已證明可有效治療憂鬱症的藥物，在分類上都是屬於三環抗憂鬱劑，需要二到四週的時間來發揮作用，且此類藥物除了作用在血清素及正腎上腺素外，也會影響其他化學傳導物質，所以會有較多副作用，包括口乾、便祕、頭昏等，容易讓患者對治療失去信心而停藥。

且三環抗憂鬱劑在高劑量時會影響心臟血管功能，如果個案有自殺想法吞服了大量的藥物，就會有死亡的危險，因此患者或家屬對此類藥物的接受度並沒有很高。

針對這些缺點，數十年來各藥廠不斷研究改進，致力於

讓藥物的作用更專一，來減少副作用。1987年，禮來藥廠推出的「百憂解」（Prozac），是第一個上市的SSRI（Selective Serotonin Reuptake Inhibitors，選擇性血清素再吸收抑制劑），此種藥物可以選擇性地針對血清素接受器作用，因為比較不會干擾其他神經傳導物質，所以副作用比傳統的三環抗憂鬱劑少了許多。果然，一上市就成為最暢銷的抗憂鬱劑，第二年便賣到三億五千萬美金，最高時還曾創下一年銷售二十六億美元的佳績。

百憂解在美國熱賣後，便有不少流行病學研究發現，長期缺少與外界聯繫的家庭主婦，以及遠離家鄉、在外地念書的女學生，是讓百憂解賣翻天的兩大族群。

為何毒會上癮？荷蘭酒吧內的大麻初體驗

　　1990年暑假，國際團體心理治療學會在荷蘭阿姆斯特丹舉辦，我也應邀前往發表論文。在這趟學術之旅中，我經歷了人生中兩個重大事件，一個是與臺北市立療院院長的工作有了接觸，另一個是讓我親身體驗到為何有人會染上毒癮。

　　阿姆斯特丹是個擁有豐富色彩的古老城鎮。白天，純樸古老的建築倒映在運河中，當地居民騎著腳踏車在河邊奔馳，種滿花草的小橋和河面上漂泊的船屋，還有岸邊小舖賣的梵谷明信片，相互輝映成一個充滿藝術氣息的迷人城市；不過當黑夜來臨，它便褪去外衣，成為一個菸草、妓女、燈紅酒綠的瘋狂城市，瘋狂程度不亞於泰國芭達雅。

　　沿著運河兩側都是紅燈區的範圍。在神秘的紅燈區內，身材姣好、穿著火辣的女郎，正站在櫥窗內對著路人搔首弄姿，乍看之下好像是展示內衣的人形模特兒；巧妙的是，興建於十三世紀，阿姆斯特丹最古老的教堂（Oude Kerk）正是矗立在

這座紅燈區的心臟地帶，教堂占地面積約三千三百平方米，在這個令人臉紅心跳的地方，顯得格外特別。

櫥窗女郎的魅力吸引不少人流連觀賞，但我並未駐足停留，因為我這趟前來，想體驗的是這裡另一個特殊「文化」。

在中國街後面的小巷中，有許多酒吧跟Coffee Shop，接二連三高掛著「Bull Dog」的招牌，看著眼前用藍色的螢光燈勾勒出的鬥牛犬圖像，我停下腳步，走進店裡。

在阿姆斯特丹，Coffee Shop可不是一般的咖啡店，而是販售大麻的地方。對性與軟性毒品的開放是荷蘭人寬容主義的一部分，紅燈區就是阿姆斯特丹合法的風化區，而有「Bull Dog」招牌的店面，則是荷蘭合法營業的大麻店。

一進到屋子裡，耳邊便充斥著震耳欲聾的音樂聲，我向服務生詢問該如何購買大麻，服務生則伸手指了指，示意我該找誰。順著服務生的目光，找到了藥頭，表達我想購買大麻的意願，沒想到對方抬頭看了我一眼後，竟反問我要買哪一種大麻？

我聽了以後，不禁愣了一下，難道大麻還有分嗎？看出我一臉的疑惑，這位藥頭熟捻的拿出一堆來自不同國家的大麻，攤在桌上，一一向我介紹，無奈這真的不是我的專業，聽了再多我還是一頭霧水，只好坦白告訴他，我沒抽過，不知道要買哪個牌子比較好，請他推薦。

　　知道我是第一次抽大麻後，這位藥頭便挑了其中一隻劑量較輕的，接著拿出菸捲器幫我「包裝」。付錢交貨後，我便拿著熱騰騰、剛捲好的大麻，準備回飯店，寫我隔天要發表的論文。

　　回到房間、洗完澡後，我坐在電腦前，繼續我未完成的「作業」，但寫到最後卻有點卡關，結論怎麼也寫不出來。突然，我靈光一閃，想起方才在酒吧買的大麻，便拿起來，依照藥頭的指示抽起來，抱著一股好奇和期待，我想知道大麻是不是真如外界傳言的那麼神，可以讓我興奮、思緒變得更清晰。

　　但是等了幾分鐘，除了感覺自己口水流得比較多以外，真的沒有其他特別驚豔的感覺，於是我悻悻然地盯著電腦螢幕絞盡腦汁，沒想到一個多小時過去，突然文思泉湧，好多想法閃過腦海，馬上著手接續我的論文。

完成論文後，我掩不住心裏頭的興奮，隨即傳了一封電子郵件，並拿起手機播了電話給和我一同完成研究的日籍合作夥伴，告訴他，想了好久的論文結論終於寫完了，而且這一切都得歸功於大麻的功效。

　　對比我難掩的興奮之情，這位好夥伴顯得相當平靜，甚至有點不置可否。一直到隔天我發表完論文，下了演講台後細細回想，才發現自己前一晚寫的結論真的不怎麼樣，但或許是藥效催化，讓我在完成論文地當下，有如此驚喜的錯覺。

　　我的大麻初體驗，在演講結束後，也如大夢初醒般落幕了！也印證了其實大麻並未有神奇的功效，反而因為迷幻那種錯覺，而使人容易上癮。

從異鄉回家鄉的思量

　　在陳珠璋教授的領軍下，臺灣一群醫療團隊恰巧也跟著來到荷蘭，參加這場年度盛會。陳珠璋教授是臺灣精神醫療的老前輩，之前常在國際研討會上碰面，如今又在異鄉見面，彼此難免覺得親切，格外有話聊。在那幾天，我也意外得知市療院長即將出缺的消息。

　　自1969年臺北市立療養院開院以來，擔任創院院長，葉英堃教授前前後後任職院長一職共二十年，在市療這個大家庭裡，葉英堃教授是不少同仁心中的大家長，許多病患也都對他很熟悉。每回只要颱風來襲，位於山上的市療對外交通容易中斷，物資不易抵達，葉英堃教授便會買好幾大袋的米，自行開車搬上山，就怕住在市療裡頭的病人和辛苦值班的工作人員會餓壞肚子。

　　葉教授對市療的貢獻有目共睹，不過礙於當時臺北市政府更改法規，為了避免「萬年院長」帶來的爭議，明訂聯合醫院所

屬院長和副院長任期為四年，且最多只能連任一次。也因此，在新的院長遴選準則施行下，葉英堃教授光榮卸任。只是院長的位子空出來，到底該找誰替補，成了當時市府頭疼的問題。

畢竟在1990年代，臺灣的精神醫療剛起步，許多精神官能症普及度並不高，不只民眾沒聽過，甚至連許多精神科醫師都不知道什麼是恐慌症，國內有教授頭銜的精神科醫師更是寥寥無幾，偏偏市療作為臺灣精神界龍頭指標，院長一職若不是教授來接任，恐怕很難令人信服。於是，陳珠璋醫師便詢問我，願不願意回來接市療院長的工作。

老實說，在異鄉「流浪」二十六年，每次回臺灣也只短暫待個一兩週就匆匆離開，說不想回家是不可能的，加上父親因心臟病剛過世，只剩下年邁的母親，想著自己好像沒盡過什麼為人子女的孝道，若是能回家照顧母親，順便把所學回饋給臺灣精神醫療的後生晚輩們，也未嘗不是件好事！

我也忘了當時是怎麼回覆陳珠璋醫師，總之我的回應想必是很正面的。果然，從阿姆斯特丹回到洛杉磯後沒幾個月，我便收到了臺北市政府寄來的聘書。

第五部

歸 鄉

接任市療院長的致詞

　　一切都來的很倉促！11月接到聘書，1月1日就得報到，要我在短短一個月的時間裡，把在美國二十六年的物品、工作打理好，老實說並不容易；因此，我向臺北市政府申請延後報到，只是距離報到日1月24日，也只有不到兩個月的時間準備。

　　當時我在加州大學洛杉磯分校（UCLA）擔任精神科日間醫院主任，所以在接到臺北市政府寄來的聘書後，我第一時間就通知UCLA人事部。由於我在UCLA還有研究未完成，底下也還有學生要帶，校方建議申請留職停薪（leave of absence），於是交接完工作後，我便開始著手整理行李，寄回臺灣。

　　待一切塵埃落定，抵達臺灣時，正好是截止日前一天，我還記得我一下飛機，就馬不停蹄的趕到臺北市立療養院完成報到手續。折騰了半天，一直到跑完流程後，才有種踏實的感覺，兩個月來匆匆忙忙打點大大小小的事情，緊繃許久的神經，終於稍微喘口氣。

交接典禮來的很快！在我回臺灣不到一個禮拜就舉行。不過，我對市療的認識也並非一無所知，畢竟在這之前，我就已經回臺灣很多次了！對市療也有一定程度的了解。

1984年龍發堂事件爆發，隔年，行政院衛生署開始辦理精神醫療院所評鑑，三年評選一次。而我是在1991年回臺接任院長，在此之前，臺大醫院精神科和臺北市立療養院已經連續兩次被評選為「優等」精神醫療院所。俗語常說「前人種樹，後人乘涼」，說實在話，我常常覺得有點不好意思，「市療院長」這份工作，看起來人人稱羨，但對我來說，卻有點坐享其成。

所以在就職典禮上臺致詞的時候，我就自嘲說道：「返臺擔任市療院長就好像是我已經有一個很好的太太，但現在又遇到一個被葉英堃院長調教了二十年的好女孩。」當時臺下哄堂大笑，雖然是玩笑話，但我確實也有這樣的感覺。

話雖如此，從葉英堃教授手中接下象徵交接的院長印鑑後，我自知肩上多了一個神聖的重擔，那天，在典禮結束前，我向坐在臺下的與會人員承諾，我要努力讓市療轉虧為盈，讓市療不只聲望高，也經營得好！絕對不會辜負大家的期望。

「企業化管理」經營市療

　　或許是因為旅美二十六年，習慣了美國人的工作思維，不知道從什麼時候開始，我變得常以效率和成果來考核一件事情成功與否。從小祖父灌輸的榮譽感和成就感，影響我頗深，而在美國念書、工作、生活，我也漸漸地在不知不覺中變成「凡事以利為先」，重視「利益」的重要性。

　　「Customer is always right！」對醫師來說，病人是很重要的收入來源，是支付汽車貸款、給另一半家用、生活費的主要來源。也是我在美國進修時，指導教授經常掛在嘴邊的一句話。

　　或許這樣說有點太浮誇，但我永遠記得剛到哈佛大學精神科報到的時候，校長在開學第一天對新生的精神喊話。

　　在麻省有兩間聞名全球的學校，一間是哈佛大學，另一間便是理工科的夢幻學校——麻省理工學院。雖然名為理工學

院，麻省理工學院在商學、建築和社會科學方面也都名列前茅，出過不少傑出的企業家和名人，包括知名建築師貝聿銘和台積電董事長張忠謀，都是畢業於此的知名校友。

兩間都是各國人才擠破頭想進的學校，也都位在劍橋市，但是作為鄰居，兩位校長的教育思維卻南轅北轍。以人為本的哈佛大學，校長總是在開學當天的新生訓練時，向新進的學生苦口婆心，凡事要有人文思維，要有同理心，因為「哈佛大學不會教大家如何成功，也不會告訴大家賺錢的技巧，而是要教大家獨立思考的能力，學會發現和鑒別事實真相，堅持對事物進行嚴謹的分析，能夠理性地認識現實問題和道德問題，透徹理解」。

那場演說的最後，校長還半開玩笑地說道：「想知道怎麼賺大錢，各位可以去隔壁的麻省理工學院，因為在哈佛，你得不到答案。」

有趣的是，在哈佛待了兩年後，我被調轉到麻省心理衛生中心，當時的主任Jack Ewalt教授卻有不同的思維。和臺灣的醫學教育，「先上基礎醫學、解剖醫學，再上醫病關係和醫學倫理，最後臨床醫學」不同，美國的醫學院第一堂課往往都是在

教醫病關係和醫病互動。

作為精神科醫師，每天都要面對不同的病患吐露各式各樣的苦水，就像是患者的心情垃圾筒，雖說是職責所在，但心情很難不跟著受影響，難免有時會覺得煩悶，為了讓每一位新進的住院醫師都能理性的面對病人，客觀的分析病情，Jack Ewalt 教授便對我們建議：「看到病人進來診間，只要想著每一個人頭上都有一張一百塊美金，就不會覺得煩了！」

儘管Jack Ewalt教授是有點半開玩笑的說這句話，目的是要讓我們在任何狀況下都能打起精神，面對病人，但這和過去中國傳統思想所教的「視病如親」還是有些不同。也讓我再次驚訝，同樣都是美國教育，Jack Ewalt教授和哈佛校長的見解竟是如此不同，我並不想選邊站，只是努力的在兩者間取得平衡。

一直到回臺接任市療院長後，我還是沒有忘記維持這種巧妙的平衡理念，並把它應用在經營院務上，期許自己能在不失本心的前提下，發揮最大效益。

如何區分「精神官能症」和精神病

　　美國教授返臺接任市立療養院院長，在當時的社會，是很大的新聞。尤其在螢橋國小潑酸事件發生後，民眾對精神病患的畏懼更甚以往；且國人生活指標雖已逐漸與先進國家看齊，但醫療衛生狀況卻在聯合國世界衛生組織排名上遙遙落後，尤其精神醫療知識的欠缺，許多精神病患被家人放棄，送進療養院，眼不見為淨，喪失生存及治療的權力，進而產生種種社會問題。

　　從大面向來看，當時很多民眾對於「精神官能症」和「精神病」的區別搞不清楚，以為是同一種疾病，甚至有很多人連聽都沒聽過，不知道什麼是精神官能症。我接任院長前，曾在葉英堃教授的陪同下，拜訪過當時的臺北市長吳伯雄，也明白「推行社區精神醫療，讓更多民眾認識精神病患」是我被賦予的使命，也是市療院長這個角色被期待的首要任務。

　　到底該怎麼讓更多人認識精神病患？讓大家重視心理衛生

的議題？正當我苦惱不已時，中華電視公司節目部來電，希望我能上節目，和大家暢談精神疾病。

　　中華電視公司是由教育部、國防部、僑界領袖和部分企業人士共同投資成立，站在政府的立場，自然是希望能消弭「潑酸慘案」衍生而出的恐慌，以及經濟泡沫化後的浮躁。由精神科醫師出面為病患「喊冤」，講解病情，比政治人物打包票還要有說服力，也較能重建民眾對政府的信心，加上當時我算是臺灣極少數擁有美國教授資格的精神科醫師，製作單位在報紙上看到我接任市療的新聞後，便找我一起規劃開帶狀節目。

　　新成立的節目以心理健康為主軸，預計每個禮拜播出一集，每集一個小時，共十集，並由我擔任主編，負責節目的議題規劃。可以透過媒體的力量，讓民眾認識現代人最常患的精神官能症（焦慮症候群），重視心理衛生的健康議題，對我來說，這是個千載難逢的好機會。印象中，我沒有思考太久便答應了！

　　由於新節目的收視群設定在一般民眾，所以接下新節目後，我便把節目的議題鎖定在「精神官能症」上，希望可以讓更多人檢視自己的心理健康狀態。

精神官能症到底是什麼？簡單來說，精神疾病可大略分為「精神病（Psychosis）」及「精神官能症（Neurosis）」兩大範疇。這兩者之間最大的差異，也是最大的特色，就是精神病的患者「缺乏病識感」，不認為自己有病，甚至覺得「全世界的人都有病，只有我沒病」；或是認為「是大家要害我，不是我有病」。

　　且精神病的患者會有人格失常，呈現思考、情感、知覺等嚴重障礙；行動多與現實生活脫節，還會有明顯的幻覺、幻聽等症狀，有的甚至會有脫離現實、令人難以置信的想法，例如妄想被監視或迫害等，並且深信不疑。臨床上，最常見的精神病就是「思覺失調症」（原「精神分裂症」，2014年正名）。

　　至於精神官能症則是一種常見的精神疾病，也是輕型精神疾病的代表。成因可能來自壓力、生理、家族遺傳等，患者通常還未失去「行為能力」，也就是還有自我意識，知道自己在做什麼。雖然像憂鬱症病患會有無法控制的灰色思想，但是在做某些事情時，他還是會知道自己在做什麼，也知道自己做的是對的或是錯的事。就算是憂鬱症患者常常會出現自殺想法，但他們還是會知道自殺不是對的事，只是無法控制的會出現自殺念頭。

就精神醫學的觀點而言，精神官能症並不是單一的疾病診斷，而是涵蓋焦慮、緊張、情緒煩躁、鬱悶、頭痛、失眠、心悸等臨床症狀，是許多不同種類的精神疾病之統稱。舉凡現在大家常聽到的自律神經失調、焦慮症、強迫症、解離症、憂鬱症、失眠症……等，都是常見的精神官能症，這幾種病症有可能會合併發生，如憂鬱症與焦慮症、恐慌症合併是常見的，還有強迫症合併焦慮症等。

　　「精神官能症」這個診斷名詞，可能令許多人感覺陌生，但它卻是現代社會非常普遍的文明病。1990年代的臺灣剛經歷一場經濟泡沫，股價從1985年7月30日的636點不斷看漲，沒想到1990年2月漲到12682點、創下歷史新高後卻一路狂跌，到1990年10月1日，跌到2485點，短短八個月的時間，大盤狂瀉一萬多點。

　　不只股市崩盤，房地產價格亦有大幅度變動，整個社會充滿了不確定和不安，在經濟、外交和政治上，動盪紛擾不斷。從錢淹腳目的經濟奇蹟到悶經濟，不論生活型態和家庭結構均起了急遽的變化，不少股民一夕之間債台高築，心理衛生問題也隨之而起。

我是在1990年1月底就任，到職未滿一年便經歷了臺灣股市的最高點和最低點，眼見市場氛圍從集體狂熱到死氣沉沉，第一個閃過我腦海，想要介紹給大家認識的，就是「恐慌症」！

戲劇性的怪病——恐慌症

　　人體是很奇妙的構造，靠著自律神經和內分泌系統，能暫時提高戰、逃的能力，來應付天災和外敵。然而，隨著生活節奏加快，人們的心理壓力增大，主要壓力源也從短期的天災人禍變成長期、每天都得面對的日常生活、人際、情緒……等等戰不贏又逃不掉的問題。

　　這些過度或長期的壓力會使人焦慮、免疫力下降，以至於現代人60～90％疾病都和壓力有關。而當壓力達到一定程度時，某些人會產生極度不安與恐懼，時常對現實生活中的某些事情或未來表現的過分擔憂，也有時候會無明確目標的擔憂。這種擔心往往是與現實極不相稱的，甚至還會伴有自主神經亢進，肌肉緊張或跳動等自律神經失調的症狀。當上述表徵持續至少六個月，即可稱為「焦慮症（Anxiety Disorder）」。

　　焦慮症是一大類別，像懼高症、社交恐懼症等都是焦慮症的一種症狀。在臨床診斷上，焦慮症大致上有六種主要類型，

每一種都有其自身獨特的症狀，但是都是和過度、非理性的恐懼及擔憂有關。其中，症狀最嚴重的，就是發作時間很快、症狀猛烈、陣發性的「恐慌症（Panic Disorder）」。

1980年，恐慌症被列入美國精神醫學會的《精神疾病診斷與統計手冊》中，成為一個新興的文明病，這是一種以恐慌發作（Panic Attack）為特徵的焦慮症。在此之前，恐慌症患者經常都會被認為是神經太敏感，以中國傳統思維來看，有時還會被認為是祖先風水牌位不好，才會讓子孫有這種不明原因的不適感。

事實上，恐慌症屬於原發性的自律神經不穩定，患者會突然毫無預警地產生莫名驚恐，在任何時候，甚至是睡覺時，都有可能發作，而沒有明顯的壓力源或導火線。一開始，很可能只是小小的身體不適，比如心悸、胸悶、呼吸不順或頭暈；有時可能會感覺發熱或發冷、雙手刺痛或麻木、四肢發抖、甚至昏厥；嚴重一點的還會有喘不過氣的窒息感，常會導致患者過度換氣。這種不適感會在短時間衝到最高點，讓患者以為自己快發瘋、快要死掉。

由於恐慌症發作時，症狀來的又急又猛，患者往往都會對

自己的身體症狀感到恐懼，誤認為自己是心臟病發作、失去理智、或處於死亡邊緣。在正確診斷之前可能四處求醫，並多次前往急診室就診。好在恐慌症是焦慮症中最好治療的，只要透過藥物和心理治療，基本上都能痊癒。

從正式被列入精神疾病診斷項目到我規劃健康節目，恐慌症「問世」也才十年的時間，不只一般民眾，很多臺灣醫師連聽都沒聽過，精神科門診也鮮少出現這種戲劇性的怪病。而我因為之前在美國經常參加一些美國精神醫學會舉辦、和恐慌症有關的演講，所以對這個疾病不陌生。我想，在整個社會充斥著不安的氛圍下，恐慌症或許是很多人都有，卻不知道自己有的病症吧！

當時，臺大醫院李明濱醫師已經發表過有關焦慮症的論文，於是，我向製作單位提議找他一起上節目。在幾次溝通過後，原本一個小時的談話性節目便由我們兩人分別負責半個小時，由他主述焦慮症，而我則負責講解恐慌症。

罹精神病並不丟臉，鼓勵患者暢談經驗

　　儘管精神科藥物不斷推陳出新，但這都是後半段治療的部份，而前半段要把病人帶去就醫或要病人接受病情並服藥，對親友和治療人員來說都是一大挑戰。尤其過去民眾對精神疾病認知不足，許多人都害怕和精神科醫師談話，怕被人認為自己心裡有毛病，就連精神科醫師的職責也被認定是在照顧思覺失調症（原「精神分裂症」，2014年正名）等精神病重症患者。

　　我答應接華視的節目，其實是想做機會教育，不只為了扭轉民眾對精神病患的刻板印象，也希望能透過媒體宣導，使精神醫療這個令民眾恐懼的抽象概念日常化，培養民眾心理保健的觀念，畢竟現代人生活壓力大，人人都有可能是精神官能症的潛在患者。

　　從他人經驗中尋找與自己類似的狀況，是增強患者病識感最快速、簡潔的方法！只是要病人站出來現身說法，暢談自己罹病後的心境轉折和治療過程，談何容易？俗話常說「家醜不

可外揚」，或許在這之前，臺灣的精神醫療會停滯這麼久，就是因為太多醫師認為要改變民眾的觀念是不可能的任務，所以沒人想去嘗試突破吧！而我天生不服輸的個性，在此時徹底被喚醒，因為「愈難達成的目標，我就愈想去完成」。

下定決心後，我便在診間詢問病人的意願，看他們願不願意和我一起上節目談治療的過程。當然，大部分的患者一聽完就馬上拒絕，「這麼丟臉的事情沒什麼好分享的」、「我都不敢讓親友知道我生病」……，屢試不爽後，我決定換一個溝通方式來說服他們。

我和這些病情已經控制良好、不再過度依賴藥物的病人解釋，其實並不只有社會邊緣人才會受精神疾病所苦；相反的，在美國，很多名人都是精神官能症的患者。

美國前第一夫人貝蒂・福特（總統傑拉德・福特之妻）在白宮期間，因為壓力太大，而有酒精和止痛藥成癮。但她並沒有因此而感到羞愧、見不得人，反而大方向各界坦承：「我知道我是個嗜酒症者，因為不管我喝酒還是沒有喝酒總是沒有辦法專注。」1978年為了治療，她進入戒毒所，並在康復後建立戒賭診療場所——貝蒂福特中心。

知名的好萊塢影星伊麗莎白・特勒也曾公開承認，自己一度沉溺於酒精和止痛藥，1983年時，更因此赴貝蒂福特中心治療。

　　有了這些名人的自白案例，原本羞於對自己的病症啟齒的精神疾病患者，也逐漸釋然，向我表達願意現身說法，鼓勵大家正視精神官能症的意願。

　　邀請精神官能症患者上電視，對當時的節目製作單位來說，是很大的賣點，畢竟在此之前，從來沒有人這麼做。

　　果然，節目播出後，收視率比製作單位原先預期的還要好。兩個半月後，節目全數播畢，時任國家安全會秘書長的蔣緯國便以軍方代表的身分，設席款待電視台高層和節目製作單位，慰勞大家這陣子的辛勞，我的節目初體驗，也在此畫下完美句點。

精神病患開咖啡廳「有何不可」

　　接任市療院長後，我觀察到市療的同仁都很辛苦，每天工時長就算了，工作地點又在偏僻的近郊山上，想要買杯咖啡都很困難，上班沒有動力，工作效率怎麼可能會好？於是，我開始思考，該如何減少不必要的支出、增加市療的收入來源。

　　在精神疾病去汙名化後，讓病人回歸正常生活便成了一股新風氣，日間醫院也就漸漸在各國興盛起來。所謂「日間醫院」，顧名思義就是讓病情沒那麼嚴重的患者白天到醫院接受治療，晚上回家和家人共同生活；不僅結合了精神科專科醫師、護理師、職能治療師、臨床心理師和社工師等專業人員，還會有特定的個案管理師來整合每位患者的專業治療方式，使病患得到最完整、合適的復健。

　　這種「客製化」精神復健的目的，是要讓病人有機會在醫院以外的地方生活，學會賺錢養活自己。患者白天到醫院做全面性的復健，晚上回家，不僅可減低家屬白天照顧的壓力，亦

可使患者在不與社會脫節的情況下逐漸改善病情。對醫院來說，也能省去夜間值班的人事成本，是當時歐美各國精神科相當盛行的治療方式。

我發現市療開辦的日間醫院，初期審核的條件相當嚴苛，名額僅限三十名，許多需要照顧的患者不得其門而入，無形中也增添醫護人員的負擔，為了照顧住院的大批病人，大部分的同仁都得輪三班，人事開銷費用頗大，對醫院不符合經濟效益。所以我便放寬資格，鼓勵負責的醫師及護理人員針對照護的內容，加入本土化的設計。

日間醫院強調讓病患獲得一些謀生的技巧和能力，因此大多提供與日常生活有關的活動，例如三餐的計畫、採買和準備；時間和壓力管理；藥物依循性的教育和養成；職前和職業計畫。此外，也會利用多種媒介物或活動，像是陶藝、皮革工等課程，來增加工作操作技巧，利於自我肯定訓練；有時也會使用寫作、書法、藝術和舞蹈、運動，達到創造性自我表達，增進溝通技巧，並提供職業能力評估和諮詢。有時醫療團隊成員也提供團體治療、心理衛生教育和演劇心理治療。

在日本，院方往往還會在日間醫院的復健課程裡加入插

花、打坐、茶道等文化技藝，所以我也開始思考，為何我們不試著將麻將、卡拉OK、美食街等本土的東西融入其中？

於是，不但照護的名額增至一百名，內容也更加活潑及多樣化，除了增加精神醫療的效果外，藉由活動的設計，患者還可以學習謀生的技藝。既然市療附近沒有便利商店和咖啡廳，我們何不自己開辦咖啡廳？對在美國生活，習慣喝咖啡的我來說，最先要緊的就是賣咖啡，讓工作疲憊、精神不濟的醫護同仁能有一個可以喘息的地方。

市療一樓大廳是挑高設計的，站在大廳往左右兩邊抬起頭，可以看到二樓兩側的走道，發現這個好地點後，我便規劃在大廳左側二樓的走道上擺桌椅、開咖啡廳，還特地請裝修人員在咖啡廳四周用半透明玻璃，讓大家來這裡買完咖啡後，能稍微休息片刻，俯瞰寬敞的一樓大廳。至於咖啡廳員工，當然得由這些日間照護的病患來承擔了！我請來了外面開業的咖啡廳老闆，教導同仁和病患如何泡一杯好喝的咖啡。

為了讓市療每一位同仁都更有參與感，我還舉辦了店名票選活動，邀請大家一起集思廣益，只要想到好名字就可以報名，最後大家一起投票，選出最中意的店名。最後大家選了

「有何不可」作為咖啡廳的名字，似乎悄悄暗喻，只要有心，又有什麼是不可能的呢？

　　由病患經營咖啡廳，在當時稱得上是突破性的發展。「有何不可」開張後，果然吸引不少病患和家屬慕名前來爭相品味，由這群病患悉心沖泡出來的咖啡，喝起來更是別有一番風味，雖然比不上外面專業的水準，但卻多了一分人情味。後來，生意蒸蒸日上，還擴大店面經營，據說至今都還是許多病患候診時，最佳的休憩場所。

和扶輪社合作義賣，為精神病友募資

　　把醫院工廠化的目的，就是要把這些長期住院的病人送出醫院，「有何不可」雖然經營得不錯，但想要靠著這些收入，應付患者進入中途之家或庇護工廠的龐大開銷，還是不太夠。財源短缺，也讓社區醫療的推動陷入困境。不踏出醫院，尋求企業人士贊助，顯然無法擴展財源。於是，我便找來扶輪社一起攜手合作。

　　我的小弟，是新光集團創辦人吳火獅的機要秘書；我回臺灣接任院長那年，他正巧擔任東南扶輪社創社社長。當時，我很多建中同學也都是扶輪社的社長，在老同學和自家兄弟的邀約下，我也加入了扶輪社，一方面可以和大家聯絡感情，一方面也希望能擴展人脈，希望能對市療募資、推動院務有所幫助。

　　只是當時，臺灣社會普遍對精神病患還是存有強烈的刻板印象，所以，為了讓扶輪社的社友更了解市療在做些什麼，我

包了一台遊覽車，邀請大家來參觀市療，讓他們實際看看，精神病友並不如所想的那麼可怕。

那次參訪結束後，有扶輪社的社友分享道，以前都以為只有在社會上無法生存的人，才會被送進療養院，但今天參觀看了乾淨明亮的房間，碰見幾位院內的病人，才驚訝的發現原來以前的認知都錯了！

後來，我決定為市療的病患辦義賣募款活動時，熱情的扶輪社社友還慷慨解囊，不只捐了收藏品來拍賣，還自掏腰包買了好多幅病患的畫作，甚至還有人花了三百萬元請受邀出席的前臺北市長吳伯雄現場演唱一首歌，當然，「出場費」也全數拿來作公益，作為推動社區醫療的基金。

義賣活動獲得扶輪社的夥伴們熱烈支持，後來還辦了幾場。每一場都讓我滿懷感動，感謝大家的幫助，也感謝命運的安排，讓我有機會能盡我所能，做我覺得正確且值得的事情！

到議會備詢的心理調適

　　「有何不可」經營良好，讓市療同仁大受鼓舞，我也試著從日常點心轉移到「三餐」上，「既然可以賣咖啡，那做便當應該沒什麼難的吧？」於是，沒多久，院內賣便當的工作便悄悄地落到了這群日間醫院的病患身上，讓患者自己做便當來賣。由於日間醫院經營良好，後來還擴大針對年齡層較低的精神疾病患者開辦第二家日間醫院。

　　日間醫院的成功，讓市療醫護同仁都更有成就感，在原本煩悶無趣的工作中，找到了樂趣。「只要努力付出，就會有回報」是美國人最常在工作上勉勵自己的一句話，付出多少努力，就會得到多少回報，聽起來很合理，但在市療似乎並非如此。

　　在社會的期許下，我發現市療很多同仁在下班後，經常還得奉獻個人時間，接受病人家屬的諮詢，雖說精神科醫護人員是一份愛心工作，但也必須要有一份職業尊嚴啊！如同律師、

會計師都有專業給付，以增加其專業尊嚴，於是我開始向勞保、公保爭取公餘諮詢給付。希望在有「加班費」的情況下，能讓市療同仁更有動力從事精神科醫護工作。

沒想到政策推動上，卻遇到了臺北市議會的阻撓！事實上，在我返臺接任院長前，臺北市長吳伯雄曾不斷提醒：「您要以服務的情懷來正視市療院長這份工作，必須改變以往教授的高姿態，來接受議員們的指教！」

的確，回臺灣工作，除了薪水只是美國的四分之一外，還需要面對議會的挑戰，的確需要相當大的勇氣。不過，儘管如此，當時吳伯雄市長的直言不諱，依舊沒有把我嚇跑，反而讓個性不服輸的我毅然決定返鄉服務，接受挑戰。

剛回國的第一年，雖然在院務的推動上非常順利，但面對市議員的質詢，卻還是讓我感受到空前的壓力。尤其在公家單位，什麼東西都要批准，層層把關；每當要申請預算審核時，議員的犀利言詞和咄咄逼人的態度，經常令人難以招架。

從傳授專業知識的教授，轉變為處處受議員責難的「小學生」，心態上的調適，正如吳伯雄當時所言——需要「十足的

勇氣」。不過，在了解議員肩上揹負著選票壓力後，我也逐漸能夠讓自己調適過來。

　　儘管過程曾面臨不只一次的難關和挑戰，但在各部門企業化的管理與經營下，臺北市立療養院的營運狀況終於漸入佳境，獎勵金也由八家市立醫院的排名倒數第二，躍升為第一名，讓我在往後出席市議會備詢時，更能抬頭挺胸。

醫師該不該有加班費？

　　讓市療由虧轉盈，對第一次接觸醫院行政工作的我來說，是一種小小的成就。雖然說不上「上手」，但能把一間醫院的營收從倒數第二名變成第一名，也算是一種肯定。只是這樣的經營理念，卻和前院長葉英堃教授有很大的出入。我看重的是醫院的經營，但葉教授卻更重視醫師奉獻的精神。

　　在我接任院長後某一年，葉英堃教授和我到日本九州，參訪福岡大學附設醫院，並介紹我和西園教授認識。西園昌久教授是世界知名的精神科前輩，在日本推動心理衛生和精神醫療不遺餘力，在當地很受推崇，是個令人敬重的老前輩。

　　九州是日本出名的溫泉天國，我們一抵達九州，西園教授便很熱情的款待，招待我們入住溫泉旅館，在享受完舒服的露天溫泉後，還有一頓豪華豐盛的晚餐。

　　在餐桌上，西園教授得知我接任市療院長不久，便好奇詢

問：「你接任葉教授的職位後，對市療最大的改變是什麼？」

當時我不疑有他，也沒顧慮到葉英堃教授人就在現場，不假思索的就回答：「在美國，如果醫院虧本、營運狀況不好，是院長的責任；因為作為醫院的負責人，院長有編排預算的服務。」

我向西園教授解釋，市療的醫護人員都很認真工作，每天都很晚才下班，但他們並沒有得到應有的補償，所以某天我召集主管，請他們記錄同仁下班後的問診時數，月底補發加班費。因為我相信只有在認同一間組織、對工作懷抱熱忱和衝勁時，才能提高工作效率。

果不其然，這種變相加薪的「利誘法」，刺激了市療的發展，讓原本排行倒數的營運狀況突飛猛進，成為臺北市營收最好的市立醫院。「對我來說，能讓一間醫院脫胎換骨，是最光榮的事！」

只是當我很興奮的分享完我的光榮事蹟後，原本沉默的葉英堃教授卻勃然大怒，拍桌反駁我的言論。在葉教授的認知裡，醫師應該要有奉獻的使命，有服務的熱忱，怎麼能夠把醫

院獲利良好當作值得炫耀、驕傲的事情？他認為這是很可恥的一件事，不該被鼓勵稱讚。

葉英堃教授的怒氣，把我嚇了好大一跳，整個空氣彷彿凝結，場面瞬間變得尷尬。也許我在西園教授面前說這些，讓他覺得很沒面子，但我並沒有故意要讓他難堪，只是我的直率還是傷到了葉教授。

另一方面，我其實也明白，市療的營運狀況不過是臺灣醫界的縮影，並非是葉英堃教授一個人的責任。

畢竟一向被視為天之驕子的醫科，雖然至今入學分數仍穩居冠軍寶座，實際上地位卻已有所動搖，以往醫師收入都是名列前20％，現在卻下滑到50％，醫師薪資大約等同企業中高階人員，目前公立醫院新進住院醫師的底薪大約4～4.5萬元，但加上值班津貼、醫師執照獎勵金等，實際薪資約5～6萬元，至於私立醫院住院醫師薪資大多採績效制，比公立醫院略高一些。

過去大家總以為，醫師是金飯碗，不料事實是殘酷的，臺灣醫師「低薪」時代早已來臨，不少醫學中心總醫師自嘲，自

己是高級勞工，看似比一般上班族好很多，但工時超長，還得輪值夜班，換算下來，時薪並不高。

在健保總額制度擠壓下，外科手術給付津貼偏低；曾有公立醫院外科醫師抱怨，開一床切除盲腸手術，健保給付七、八千點，約7000元，醫師最後卻只拿到一成，也就是700元。

若再細分科別，包括精神科在內，內科系醫師薪水最差，資深主治醫師平均月薪約在15～20萬之間。精神科醫師都明白，一位好的精神科醫師，必須以時間、愛心、耐心，誘導出病人隱藏在內心深處的心結，他才能夠對症下藥。但是現實的醫療制度，卻使得這些專業醫療人員有著相當程度的挫折。

全民健保的給付是「論件計酬」，看幾個病人給付多少錢，而給精神科醫師的給付，不論是醫師診察費、或心理治療上的給付都過於偏低，逼得醫師必須在固定時間內看大量的門診病患，以保障其收入。在社會普遍的期許下，醫師被認為是「救人」的善心志業，從事醫療行為不該考量營利和成本，所以醫師過勞、超時加班，被視為是合乎情理。

這是大環境的問題，我也只能在有限的權力範圍裡，盡我

所能地改善市療的同仁待遇。即便到現在，是否該將醫護工作納入《勞基法》、給醫師應有的加班費，至今仍是許多醫療公會努力爭取的權益。議題本身並沒有對錯，只是立場不同，儘管我為自己衝動脫口而出的話感到懊悔，那頓晚餐的氣氛終究還是被搞砸了！

讓病房充滿家的味道

　　2007年香港犯罪電影《門徒》，曾在大陸創下單日累積一千萬人民幣票房，連午夜場都一票難求。劇中以毒王「海洛因」為主軸，描繪吸毒者、販毒者、政府、警界、學術界、市場……等不為人知的毒品世界，光是看人如何吸食毒品，以及演員們詮釋毒癮發作和施用的過程，就令人大開眼界。

　　電影一開始，點出許多人的心聲：「我不明白，為什麼人要吸毒？」片中，染有毒癮的女主角回答：「因為我丈夫吸毒，我勸他戒掉，卻都無法戒掉，我想要親身示範，是戒得掉的……但是沒想到，真的很難戒啊！」

　　聽起來很荒謬，但事實上，根據研究，十個女性藥物濫用者裡，有九個都會這樣說。藥物濫用者的生命史，就像是一種厄運無止境的循環，在成癮、戒癮、復發當中不斷循環，儘管高達五成以上的藥物濫用者都想過要戒癮，也嘗試過要戒癮，並非大眾所想的願意自甘墮落，只是戒毒，談何容易？

因為染上毒癮，散盡家財、妻離子散，為了取得毒品不擇手段者比比皆是，往往是社會的亂源。因此，臺北市政府衛生局遂於1974年3月，成立臺北市立煙毒勒戒所，負責協助菸毒勒戒、藥物成癮、酒精成癮等治療，並由法務部管轄。

後來，在我接管臺北市立療養院第三年（1993年7月1日）時，臺北市立煙毒勒戒所併入市療，成立成癮防治科，正式承接相關業務，並開始積極培訓專業藥癮治療人員，及規劃訓練全國性或區域性藥癮工作專業人員，同時也成立急性解毒病房。

在這之前，由於煙毒勒戒所是強制單位，所以只要被送進去，都會被當成罪犯（毒犯）來處理，勒戒室內的房門下方也只有一個高度不超過三十公分的小洞，可以讓管理員送三餐進去，治療環境跟監獄牢房沒什麼兩樣，很不人性化。

「把藥物成癮者視為病人，而非罪犯」是我在成癮防治科建立時，訂下的目標。我把市療的一般病房開放給這些藥物成癮者，而且和市療其他病房一樣，解毒病房裡，有沙發椅和32吋電視，還有冰箱和交誼廳，可以讓來探視的家屬在這裡休息。

乾淨明亮的房間和完善的硬體設備，有別於過去的煙毒勒戒所，所以當WHO派顧問團來參訪時，參觀解毒病房便成了必備行程。原以為會受到讚揚，讓參訪團嘆為觀止，沒想到卻反而聽到了不同的意見。

　　當時，其中一位顧問在參觀了病房和交誼廳後，眉頭愈皺愈緊，幾經詢問後，他才勉為其難地說道：「雖然市療裡的硬體設備很好，整間醫院從裡到外看起來都很美觀，但人性到底在什麼地方？連一幅家屬照片或是病人的畫作都沒有……」

　　聽完顧問團的納悶，我其實有點羞愧地說不出話來，因為在這之前，我還真的忽略了這一塊，從沒想過要把病房布置成家的感覺。於是，在送走顧問團後，我便在院內公告，讓醫護人員協助病患布置自己的病房以及每一層樓的交誼廳，希望能在療養院冷冰冰的生硬形象裡，多添幾分溫暖的人情味。

照顧失智症家人，該不該離職？

　　人生的路就是曲曲折折，就在市立療養院院務漸入佳境之際，一向以我們幾個孩子為重的母親卻生病了。

　　一開始，只是覺得她變得有點健忘，常常忘東忘西。沒想到後來卻愈來愈嚴重，某天，我在臺北東區巧遇一位母親的老朋友，寒暄了一番後，她卻突然抱怨起來，說母親原本打給她，說要請她吃飯，還約好了時間和地點，沒想到那天她到餐廳以後，卻被放鴿子，等了一個多小時母親都沒有出現。

　　在那個年代，沒有手機，當然不像現在可以馬上打電話、傳個Line或Facebook聯絡上人，只能在餐廳枯等，可想而知，這位太太當時有多生氣。而我除了一直向她道歉賠不是，提議改天請她吃飯以外，也不禁擔心起母親。後來，生活中類似的情節愈來愈常上演，我們才發現不對勁，趕緊帶母親就醫，檢查後，確診是阿茲海默氏症（Alzheimer Disease；以下簡稱AD）。

阿茲海默氏症，又被稱為「失智症」，彷彿是21世紀的黑死病，這幾十年來，在全世界快速蔓延。根據世界衛生組織統計，全球每3.2秒鐘就有一名失智症患者被確診。以臺灣來說，65歲以上老人，約有一成有失智症；若加上65歲以下的早發性病人，全臺失智症病人高達23.8萬人。且隨著高齡人口逐年增加，預估到2030年，將上看47萬人。

　　麻煩的是，失智症診斷不易；直到西元1905年，阿茲海默醫師在一個失智的婦女腦部組織內發現斑塊與神經結節，其神秘面紗才逐漸被揭開。這是一個謎樣的疾病，即使發現至今已經超過百年，醫界仍不甚了解其病因，當然也還沒研發出能有效控制病情的藥物，只能延緩病程，盡量不要惡化的那麼快。

　　母親在確診後，雖然有定時服藥，接受治療，但仍然阻擋不了病情的惡化。有一天，我和太太兩人坐在客廳沙發上聊天，母親從房間走出來看到後，竟突然對著我太太破口大罵，質問她：「妳是誰？為什麼跟我兒子坐在一起聊天？」

　　原來她因為生病，記憶受損，所以認不得我太太了！這不僅讓我意識到母親的病情惡化的有多嚴重，對我們幾個孩子來說，也是很大的震驚。畢竟在我們的印象中，母親是如此聰

慧，如此精明幹練，從沒想過她也會有喪失記憶的一天。

很多病人家屬在碰到這種情形時，常會來跟醫師討論，什麼時候該送病人去安養中心？然而，在臺灣，或者說在華人社會中，這種討論有時很難會有結果，不少子女怕送父母進安養中心，會被親戚、鄰居講閒話，即使工作、家庭兩頭燒，沒時間好好照顧生病的雙親，也不敢輕舉妄動。不過，不送進安養中心、在家照護的前提是，家裡要有一個24小時的照顧者。

我們家的經濟條件還算寬裕，要請一個看護來照顧母親並不困難，但親眼看著母親的記憶漸漸衰退，身體慢慢老化，心中還是不免悲從中來。樹欲靜而風不止，子不養而親不待，仔細想想，自己過去旅美二十多年，一直沒有陪伴在母親身邊，回臺後也被工作忙得團團轉，經常忽略母親。不想等到無常來到的那一天才來後悔，於是，和太太兩人商量後，我決定辭職。

離開院長這個職位，對我來說沒什麼好放不下！相反的，可以有更多時間和家人相處，尤其是能對當時高齡八十的母親克盡人子之道，讓我能稍稍彌補離家二十六年的空窗，也未嘗不是件好事！畢竟這是我回國五年來，在忙碌工作的壓縮中，

一直無法做好的事情。

另一方面，在卸任公職後，可以不必再受承受官場文化的壓力，有更多時間發揮專業知能，在大學兼課演講，對我來說，也輕鬆一點。

臺灣整體的精神醫療水準，還有進一步提升的空間，我能做的有限，但在離開市療這個舞台後，我還是期許自己，能夠換個心情重新出發，盡我所能的把所學傳授給醫療後生晚輩。因為我要做、及能做的事情還有很多！

到七所大學授課傳承精神醫療經驗

　　教學、研究及臨床服務，是醫師在醫學中心工作，最重要的三個使命。一個醫師的養成訓練，從教室內的基礎醫學到醫院的臨床實務，包括畢業前的實習（見習）醫師訓練，還有畢業後的不分科住院醫師（Post Graduate Year，簡稱PGY）、專科住院醫師訓練；從進入醫學系開始，至少得花十年的訓練，才能夠獨立坐在診間進行看診。

　　然而，人體病痛的複雜程度，有時還會需要數個不同專科的醫師來共同判斷，要擁有對付醫學問題的專業能力，醫學生們必須經過一個漫長的訓練過程。臺灣的醫師養成制度，從日據時代就打下基礎，在日本政府的主導下，臺灣最優秀的人才多往醫學系集中發展，而這風氣仍持續影響至今。

　　除了專業知識的學習，在醫師培訓的過程當中，最重要的就是經驗的傳承。我返臺的其中一個目標，就是希望能把在美國學到的醫療技術帶回來，傳授給精神醫療的後生晚輩，所以

當我接到臺灣大學醫學系打來，詢問我願不願意開班授課時，我毫不猶豫的就答應了！

臺大動作很快，就職典禮不到一個禮拜就打來了！當時，精神科在臺灣仍算是小科，招生狀況比不上內、外、婦、兒等大科別，儘管《精神衛生法》上路後，政府開始帶頭重視精神醫學，但硬體設備足夠，人才卻很缺乏。後來繼臺大之後，成大、臺北醫學院、高雄醫學院、國防醫學院、輔仁大學也先後來電，邀請我去學校擔任兼任教授。

臺灣的上課方式注重老師的講述，學生通常只會安靜的坐在台下，專心聽老師的講課，互動並不多，有時碰上講話比較無趣一點的老師，學生就很容易在課堂上睡成一片。我希望我的學生在上完課後，都能夠有所收穫，而不會覺得無聊，所以每次上課前，我都會講一則笑話當作開場白，一方面能提升學生對這堂課的興趣，一方面也希望能鼓勵他們多發言。

在美國，老師會用兩種方式來上課，一種是演講式的Lecture，另一種是討論式的Discussion，每個禮拜輪流有討論式的課程。上Lecture時，以老師傳授為主，而上Discussion時，完全由同學來發問。

美國和臺灣的教學方式各有特點，所以我把兩者結合起來。把學生分成十組，就像團體治療一樣，讓各組圍成一圈，每堂課預留半小時的時間，在我講完課後，就開放學生小組討論，最後再請他們輪流分享或是提問。總之，就是有點類似PBL（Problem Based Learning，問題本位學習，簡稱PBL）教學模式。

　　我還記得，某次上課時，剛好講到第一次在美國中途之家進行家庭訪問的往事，沒想到台下有一名女學生聽完以後，竟然眼眶泛淚，哭了起來！我問她為什麼哭得這麼傷心？結果她說，她覺得好感動！因為有醫療團隊的鍥而不捨，才能讓這些被長期關在療養院的患者，能有機會做回正常人。

　　聽了她的分享，我的感觸很深，我想如果這位女同學有興趣朝精神科發展的話，一定可以成為一位傑出的精神科醫師。畢竟精神科醫師不單是用眼睛來診斷，還得用「心」看病人，有同理心、心思細膩、懂得站在他人角度設身處地著想的人，最適合。因此，精神醫界也流傳一句話：「好的精神科醫師能夠觸動病人的心弦，打開患者的心房。」

　　直到我從市療退休，教學的工作依然沒有間斷。和年輕一

輩的學生一起上課討論，常常會激盪出許多不同的火花，不僅可以讓我這個LKK稍微了解年輕人的想法，聽懂他們的火星文，還可以讓思想源源不絕，在心態上保持充沛的活力。

可惜，八年前脊髓受損後，我的左腳癱瘓，行動不方便了，出入都需要輪椅代步，無法像過去活動自如，四處演講授課，才停止了這個能和年輕人一起教學相長的機會。

第六部

團療

特權文化衍生而出的「團體治療」

　　還沒接觸醫院的行政工作之前，我從來沒想過，原來院長的雜事竟然這麼多！從員工的薪資調整，藥物、醫材設備的採購，到廁所馬桶、辦公室裡燈泡的更換，每一件都要院長簽呈做決定。幾乎每天一進辦公室，就有簽不完的公文和開不完的會在等著我。

　　「我還有多餘的時間能開診嗎？」起初，我常捫心自問，畢竟精神科和其他科別不同，每個病患的罹病原因和壓力源都不一樣，成長背景、人格特質、抗壓程度和心理素質也都不同，醫師不多花點時間和病患溝通，就無法開出最精準、恰當的診斷和治療。

　　以我過去的經驗來看，想要有良好的醫療品質，平均每個病人，至少得花半個小時來問診，但忙碌的行政工作，卻壓縮了我的上班時間，加上當時臺灣人對於恐慌症的了解很少，莫說病患，恐怕多數醫師都缺乏診斷和治療的經驗，大多數的病

患都是看遍名醫，做遍檢查，甚至逢廟必拜，受苦多年，卻無法得救。

在新節目的推波助瀾下，不少患者才意識到，原來自己長期以來的不舒服是心理因素造成；因此，慕名前來掛號的患者也比原先預期的還要多，已經排到四十幾號了！只要一開診，就有幾十個病患在候診區等待，人多到護理長還曾打趣虧說我的門診生意太好，病人都看不完！被我訓斥了一頓。畢竟掛號的病人愈多，就意味著問診的時間愈少，可不是件令人得意的事情。

正當我為絡繹不絕的患者頭疼不已時，我突然靈機一動，想起以前林宗義教授為了更詳細的問診，經常用教學的名義開診。於是我也如法炮製，申請教學門診，上午診限額六人，希望能留至少半個小時的時間給每位病人。沒想到我的如意算盤終究還是抵不過特權文化下的「人情壓力」！

從我接任院長開始，常有許多自稱是立委、議員推薦的病人來求診，也常接到許多親朋好友的電話，說要介紹病人給我，拜託我幫忙看診。更慘的是，光是這些親朋好友的親朋好友就已經遠遠超過限額的數量，顯然「教學門診」這個擋箭牌

已經不管用了！所以，我只好另覓良方。

　　該如何在有限的時間內，看完這麼多病人呢？或許可以試試看，成立團體治療門診！

不要用自己的鑰匙打開別人的鎖！

　　團體治療（Group Psychotherapy），顧名思義，就是把心理治療的技術用在一個團體之中，由治療師透過成員間彼此談話，達成治療目標的一種心理治療。這種治療方式，在當時的臺灣精神醫療界並不少見，國內團體心理治療之父——陳珠璋教授，便經常在臺大醫院精神科病房裡，推動團體心理治療，每週一次，帶領日間病房的病人團體和醫療人員，進行「生活討論會」。

　　有了構想以後，我便著手開創恐慌症的團體治療門診，並將每一期療程設定為三個月，分成十二次團體面談，每個禮拜一次，每次一個半小時。為了確保每個患者都能被「照顧」到，參加團體治療的患者一次限定十二人。

　　為了加速培訓心理衛生專業人員執行門診團療，這些在第一線工作的心理師和護理人員也以助教身分被邀請參加。也因此，每次團療，排場都不小，身穿白袍的「助教群」一字排

開，包括主治醫師、住院醫師、護理師、心理師等好幾位，而且對家屬開放。

每次我開場白說完，就會請病患輪流發言，旁聽的家屬接著補充。印象最深的是，患者不分男女，幾乎都是涕泗滂沱，家屬無不頻頻拭淚。

有人說她已經病了好幾年，無法工作，因為一出門就害怕會不會恐慌症又發作。多年來形同廢人，無時無刻都活在恐懼的陰影裡。連洗澡都不敢關門，家人絕對不能離開視線，就怕萬一昏倒，無人送醫。一人生病，全家受苦，要不是家人無比體諒，早就自我了斷。

還有人說他病了十幾年，高大健壯的身體瘦成皮包骨。前幾年，到處求神問卜，病急投醫，家人慇勤照料。可是到後來，再貴的藥物也吃了，再靈的符水也喝了，這怪病卻還是時時發作。最後，連家人都懷疑自己是不是裝病，啞巴吃黃蓮，有苦無處訴，真是生不如死。

更多的是一開始不知道自己得到這個病，多年來一直以為是身體疾病，看遍各大醫院。心悸、胸悶看過心臟內科，頭

痛、手腳發麻看過神經內科，暈眩看過耳鼻喉科，腹瀉看過腸胃科，各種昂貴、痛苦、甚至危險的檢查都做了，就差沒看過婦產科和小兒科。這次來到精神科，是他最後的希望。

為了讓參與的病友和家屬，把治療中所得的收穫延續到生活中，每次對談結束前，我都會請大家用一句話總結自己的心得，最後選出最有感的一句話，請大家寫在卡片上，帶回家當作座右銘，時時提醒自己。

有一回，來了一個病人，他說每次只要自己的小孩考試到了，自己就會很容易緊張、生氣，父子關係不佳，經常吵架。之所以會來精神科看診，是因為小孩今年要大學聯考了，卻還是天天在打電動，讓他每天都很焦慮，怕小孩會沒有學校可以念。結果後來，受不了離家出走的竟然不是小孩，而是這位爸爸。

隔了幾天，爸爸結束「離家出走」，返回家中，卻赫然發現在他不在家裡的這段時間，小孩的成績竟然變得更好了！這讓他意識到，原來自己過去都把自認為對孩子好的觀念，灌輸在孩子身上，而忽略了其實每個人都是獨一無二的！「不要用自己的鑰匙打開別人的鎖！」是他在這個事件後，最大的感

觸。

　　大多數的患者，常常都是在遭逢巨大變化時，罹患精神官能症。他們往往會有點怨天尤人，強調自己怎麼這麼倒楣，老公竟然外遇？是不是自己做錯了什麼，才會讓對方移情別戀？或是鑽牛角尖，覺得自己很歹命，工作不順、孩子不貼心、雙親生病、婚姻感情不睦，不像別人都是框金又包銀，質疑自己一定是上輩子沒燒好香，才會遇到這些事。

　　透過團體心理治療，病患圍在一起，述說自己的心情，不僅能宣洩平時的壓力，協助患者找到情緒出口；藉由聆聽其他人的經驗分享，也能讓患者產生共鳴，知道其實自己並不是最悲慘的！還有很多人的日子，比自己過得還要不幸！另一方面能增強病患的信心；且在彼此安慰的過程中，也能加強溝通技巧。

　　病友在團療提出的人生格言或諺語，也常成為治療精神官能症的團療格言，包括用「難得糊塗」來奉勸、改變完美主義者；以「退一步海闊天空」來改善好勝、得失心強的患者。這些團療格言，不只是令當事人改變其個性、思考模式的金玉良言，也能讓其他病友有所啟發。這也是為何我堅持在每次團療

結束前，請大家用一句格言來形容此次團療心得的原因。

　　對病友來說，能夠在人際關係的互動中，走出自己哀傷的情緒，是團體治療最神奇的地方。常聽人說「人生如戲」，對我來說，每一次團體治療都像在看一齣戲，每一個病人都帶來一個故事，不僅是協助患者，在過程中，自己也會有所成長。

成立病友團體，是最驕傲的成就

　　現在打開電視，經常可以在新聞和節目裡，看見精神科醫師侃侃而談，站在第一線對民眾作心理教育；不少病友也不吝於在公開場合，分享罹病後的心境轉折。這些大家習以為常的事，在二十年前卻很罕見。

　　病人的人權及隱私權，在二十一世紀已經有很大的改變。過去《精神衛生法》和《個資法》都只看得到醫療團體的觀點，但現在病友團體也可共同參與修法討論，而不再只有醫療團體一面倒的意見，因此在內外科系統，許多疾病都早已設立病友自治團體。

　　反觀精神科因為長期受社會其實和偏見，病友或家屬都較為消極。也因此，成立一個以精神病患為主的聯誼會，是我做精神科醫師以後，一直很想做的事情。無奈精神病過去總被視為家醜，要患者或家屬挺身而出並不容易，後來因為團體治療門診，才讓我有機會可以完成這個夢想。

團體治療以十二次為一個療程，但常常會有已經「畢業」的病友，因為喜歡這種大家聚在一起的氛圍，而捨不得結束。就算病情好轉，不需要治療了，仍會定時來參加，日積月累下，畢業生愈來愈多，再後來，「愛心會」就誕生了！

　　1993年6月，一群由恐慌症團療班畢業、康復的病友，共同組成「恐慌症知友會」，後來經過多次修正、轉型，1996年3月正式在內政部立案，改名「中華民國生活調適愛心會」，從臺北市立療養院的病友聯誼團體，變成一個全國性的社會服務團體，服務項目也從恐慌症擴大到精神官能症，希望能夠協助更多病友走出情緒低谷。

　　把精神疾病視為和高血壓、糖尿病一樣，有勇氣共同面對，是我從事精神醫療工作以來努力想達成的目標。剛開始籌組精神病友聯誼會時，許多家屬雖樂意出錢、出力，卻不敢出面，只怕別人知道自己的親人是精神病患；直到1995年，才開始有家屬願意現身說法，終於讓我離目標又更近了一些。

　　回顧愛心會成立至今，一路走來，已邁入了第二十個年頭，幾年前，還曾受邀至世界精神協會年度大會發表論文。在這漫長的歲月中，看著這些飽受心靈受創的朋友們彼此加油打

氣、互相扶持，雖極具艱辛，但當生命活泉湧現時，只有無限
感恩。心裡的激動真的是無法言語！即便現在愛心會已經「改
朝換代」，但我依然希望這個團體能一直延續下去。

精神科醫師問診30分鐘，夠嗎？

　　陳珠璋教授，是臺灣團體心理治療的先祖，也是我在臺大醫院擔任實習醫師時的指導老師。1974年，陳珠璋教授引進心理劇治療（Psychodrama），在醫院病房裡，指導患者將心中的世界透過戲劇的方式表現出來，讓參與者在過程中獲得醫治，這種別出心裁的治療方式，在當時的精神醫療界，曾經掀起一陣話題。

　　對剛踏入醫院、接觸臨床實務的實習醫師來說，每天固定的晨會報告，都是最令人緊張的時刻，有時碰到講話比較犀利、刁鑽一點的教授，被問到說不出話來，是很稀鬆平常的事。尤其，要面對陳珠璋教授不苟言笑的神色，更容易讓人冷汗直流。

　　或許是源自德國的醫師養成訓練，陳珠璋教授在臺大教書，可是出了名的嚴格。常常我都自認準備很周全，但陳教授總是有辦法問到我啞口無言。

記得在精神科實習時，第一次在晨會報告病例，結果陳珠璋教授劈頭就問我，病人做什麼職業？有幾個兄弟姊妹？在家排行第幾？家裡有沒有養寵物？養什麼？養幾隻？……總之，就是問得很細。

原以為陳教授已經是很要求完美的人，直到碰見宋瑞樓教授，才發現原來一山還有一山高！在內科實習時，某天，我負責的病人突然拉肚子。沒想到指導老師宋瑞樓教授在聽完我的病例報告後，便問我：患者糞便的顏色如何？糞便有沒有黏液？是否有血便？形狀？

儘管類似的場景和情節，已經不是第一次遇到，被問到說不出話來的實習醫師也不只我一個人，但這對從小就好勝的我來說，還是覺得很丟臉，感覺好像是教授故意刁難，想要挫人銳氣，心中難免沮喪起來！

後來，某次和宋教授聊到這件事情，才明白教授們的用心良苦。並不是有意挖苦、為難，而是希望我們能夠更仔細地詢問病人的狀況，以便更精準的判斷，確認病情。

只是到底要多少時間，才能夠詳細、確實的問診呢？

我回臺灣的時候，精神科專科醫師考試剛成立，應考方式也和過去大不相同。除了用個案報告取代筆試外，還有一個「問診」的口試項目，時間長達兩個鐘頭，前面一個小時開放考生和病人問診，面試官則在一旁觀看；之後再由面試官和應考生進行口試。

當時，我受邀做為面試官，很反對這種口試方法！因為要用兩個鐘頭來了解病人的一切，是不可能的；所以，我主張半小時就夠了！況且以我在臺灣看診的臨床經驗來看，一個病人最多能有三十分鐘問診就很不錯了，怎麼可能有兩個鐘頭？理論和實際衝突，不符合現實情況，如此測驗出來的結果，一點意義也沒有。

臺灣人很幸運，就醫方便，想看什麼科，幾乎當天就能看得到。但看診次數多，相對的醫師能分給每一位病人的時間就少。精神科也不例外，雖然臺灣精神科看診時間通常比看感冒還長，但比起先進國家的精神科醫師還是短了許多。

有一次，前衛生局長陳寶輝來臺北市立療養院考察，演講到一半時，談起過去在臺大醫學院時，曾想做精神科醫師，雖然最後沒有走入精神科，但他還是希望可以訓練自己的部下，

把個案的家庭背景和簡歷報告清楚，因為──「這才是好醫師」。

只是回到現實面，在有限的時間裡，精神科醫師還能像教科書上寫的那樣仔細問診嗎？尤其健保開辦以後，看病變得便宜，在掛號不限量的前提下，常常一個上午就得看六十幾個病人，換算下來平均一個病人問診只有三分鐘不到的時間。

健保帶來了方便，精神疾病也在各界專家的大力推廣下，日益受到重視，但相對的，也增加了精神科醫師的負擔。該如何在這中間取得平衡，光靠過去一對一的問診，顯然是不夠的。

第七部

重生

雨中巧遇的初戀

　　「『家』像什麼？」是國小作文課時，老師最常出的題目。小時候，餐桌上熱騰騰的菜餚就是家的味道，尤其在外面跟鄰居和同學玩累了，肚子餓時，就會想衝回家，大快朵頤一番；長大後，家有了更深一層的含意，尤其在自己也成家、娶妻生子後，每當工作上遇到瓶頸、覺得疲憊不堪時，總會期待能盡早下班，趕回家裡。家就像沙漠裡的一汪清泉，滋潤著人們的心靈。

　　對任何一位工作忙碌奔波的人來說，一個幸福甜蜜的家庭，是最大的避風港。我很幸運，兩段婚姻都很美滿。

　　和第一任妻子的相遇，是在高中同學的刻意安排下「巧遇」的。那一年，我正準備從臺大醫學系畢業，某天，許久不見的高中同學偶然發現我還未交過女友，便很積極的幫忙介紹對象。知道我精通日文，喜歡會講日文的女孩子，他便想起了即將從日本學成歸國的前妻。

為了怕我們彼此都排斥這樣的刻意安排，老同學還特地先弄來了一張第一任妻子的照片。我永遠記得第一次看到照片時，那種驚為天人的感覺。那是一張妻子戴著帽子、站在東京隅田川河畔旁留影的相片，在她身後不遠處還有一座拱橋，兩側河道旁盛開的櫻花樹花瓣紛飛著，粉嫩嫩的景致將笑容燦爛的妻子顯得更為嬌美。

　　表達了想認識對方的意願後，朋友便很義氣的拍胸鋪保證，由他來安排、計畫讓我們巧遇。在妻子從日本回臺灣後，他便邀請我們到他家小聚，當然妻子先前並不知情。在朋友的指引下，我算好時間，不著痕跡的選在妻子來時登門拜訪，還佯裝成碰巧來臺中找親戚。當然，善良的妻子並未發覺異樣。

　　在朋友介紹雙方認識後，我們三個人便坐下來聊天。第一眼見到妻子本人時，我就被迷住了，看起來比照片上還要有氣質，聲音很溫柔、舉止也很優雅，講起日文來，還有一口標準的東京腔，簡直就是我夢寐以求的情人類型。可以說，我對她一見鍾情。

　　我還記得妻子誇獎我日文講的很流利，那天我們用日文聊得很開心，我也在這一來一往的過程中，得知她在日本頂尖的

東京藝術大學攻讀音樂，主修鋼琴，即將畢業。因為曾經在國際鋼琴大賽中拔得頭籌，所以師大音樂系已經有教授和她連絡，希望她畢業後能到師大擔任助教，教學生彈琴。

聽完了妻子的自我介紹，我心中的敬佩和欣賞又多添了幾分，可惜在那個年代，沒有臉書（Facebook）和手機，所以在妻子離去前，並沒有留下什麼聯絡方式。

常聽人說「出外靠朋友」，和我要好的兄弟們都看得出我對第一任妻子念念不忘，所以大夥兒便絞盡腦汁，很努力地幫我想辦法，看能不能製造機會，再來一場不期而遇。

後來，一位學長偶然看到了知名鋼琴家即將來臺演奏的海報，便邀我一起去聽，雖然對音樂會沒有太大興趣，但在學長勸說「她那麼愛彈琴，又是學音樂的，應該不會錯過這場演奏會」下，還是抱著一股希望。

隨著演奏會的日子悄悄逼近，我一邊在心裡倒數著，一邊默默祈禱，希望她也有來聽這場音樂會。演奏會當天，學長一早就來按我家門鈴，準備就緒後，我們搭著三輪車出發，前往中山堂。

或許是老天聽見了我的禱告，正當我們停在路口等紅綠燈時，我偶然一瞥，竟然看見她撐著一把傘，站在路邊攔車。坐在我身旁的學長發現了，便鼓勵我下車邀她一起坐車去，於是在學長的催促下，我半推半就的走向她。

　　看見我走來，她看起來很訝異，我強掩著內心的激動，和她打了聲招呼，寒暄了一番，詢問她要去什麼地方？在得知我們的目的地相同時，我的內心歡呼著，但還是故作鎮定的邀她要不要一起搭車去。

　　那天天空飄著綿綿細雨，上車後，載我們的車夫怕我們淋到雨，便將擋雨簾拉下來，車內空間頓時變的狹小，心跳的聲音也變得格外清晰。那天具體聊了些什麼，我其實也忘了，只記得和她坐在三輪車內時，我好緊張，倒是她顯得落落大方許多。

　　後來到了中山堂，我們一起走進演奏廳，聽了一場美妙的音樂會。原本和我同行的學長看見我和她一起上了三輪車後，也很講義氣的沒有來打擾，雖然對學長很不好意思，但那天我們都很有默契的沒有「相認」。音樂會結束後，我送她回家，也鼓起勇氣問她要了聯絡方式，開始了我的第一段戀情。

遠距離的戀愛過程

　　初戀總是特別美好，就算下班後再累，還是會不辭辛勞的想去見心愛的人一面。我還記得妻子不在辦公室的時候，幾乎都泡在練琴房裡埋頭苦練，每天我下班前，都會先打電話給她，然後從臺大醫院搭車到師大找她，聽她練琴，然後再一起去吃宵夜，送她回家。

　　我們的交往模式很簡單，但當時的悸動卻令人印象深刻。有一天，她說系主任看中她的才華，打算公費送她去美國進修音樂，回來接教授的位子，聽得出來她很興奮。我想，對任何人來說，能得到系主任的讚賞和栽培就是一種肯定。

　　我雖然替她高興，但卻有點猶豫，想必她也一樣。畢竟在通訊還不是很發達的時候，一萬兩千公里，已經是永別的距離。她這趟離開，也意味著我們初萌芽的戀情得提前結束。

　　我不想放棄這段我們兩人都用心經營的初戀，所以我向她

保證，有一天我一定會去美國進修，屆時也一定會帶她一起去，完成她想出國學音樂的夢想。也許害怕她會飛去美國，所以，我向她求婚了。

醜媳婦總得見公婆，在和她求婚後不久，岳父、岳母便親自跑到臺大醫院，想看一看未來的女婿是否有資格迎娶他們的女兒。事實上，我們的父母彼此都是好朋友，在妻子還沒回臺灣前，雙方父母就曾打算安排我們見面，只是後來因為我在醫院工作繁忙，時間比較難喬，所以沒有成行。沒想到緣分來時，擋都擋不住，沒有父母從中安排的我們還是遇見了彼此。

俗話說，「丈母娘看女婿，愈看愈滿意。」那天他們站在臺大醫院的中央走廊，我一接到電話，連身上的白袍都還來不及脫，就大步併兩步，小跑步地趕來。因為是在工作中臨時抽空赴約，時間有限，簡單小聊了一會兒後，我便送他們離開了。這次會談過後沒多久，我們就在親友的祝福聲中步入禮堂！

婚禮簡單溫馨，成家後，自覺身上的肩膀又重了一些，我更加賣力工作，太太也很體貼的替我打理好生活中的大小事。我雖然不是浪漫的人，但新婚夫妻的甜蜜生活，還是讓我天天

都不自主地洋溢著愉悅的笑容，不過，我沒有忘記我曾答應過她的事——要帶她到美國一起進修。

所以，當我升到住院醫師第五年時，便向林宗義教授提出赴美留學的想法。出發前，我們夫妻兩人一人牽著一個孩子，還有太太肚子裡尚未出世的老三，一家五口一起去相館拍了一張全家福。

為了家庭，放棄事業的學長妻子

　　抵達美國一個月後，我的薪水三級跳，確認薪水足夠供養妻子和小孩過好一點的生活以後，我便撥了通電話，讓妻子帶著小孩來，一起展開我們的旅美生活。忐忑的心終於在此時褪去，原以為我已經完成了自己的承諾，沒想到跟我一起到美國生活的妻子，為了照顧三個孩子、料理家事，根本無暇放鬆，更別說要進修了！

　　本來我也不以為意，一直到我在波士頓州立療養院擔任病房主任時，黃崑巖（我倆是臺大醫學院同學）碰巧到華府進修，邀請我們去他家坐一坐，小聚一場，我才發現原來自己有多自私。

　　黃崑巖和妻子謝惠美是大學班對，照理說應該像其他女同學一樣，畢業以後在醫院當醫師，忙著看病人或是做研究，但跌破大家眼鏡的是，謝惠美婚後沒多久就辭職了，很認分的當起家庭主婦。

那頓晚餐吃得很愉快，也許是在異鄉碰到故人，總覺得分外親切，那天，我們聊家庭、聊工作，像是有聊不完的話一樣，時間一眨眼的就過了。後來在回程的車上，妻子難得感性的說了一句至今仍令我印象深刻的話。

　　「黃太太真的很偉大！」聽出妻子話中的感慨，我也不免好奇起來：「為什麼這樣說呢？」

　　「因為她本來可以有自己的事業，努力考上醫學系，辛苦讀了七年的書，畢業後也在醫院做到了主治醫師，但是，為了先生，為了家庭，不得不放棄自己辛苦的成果，真的很令人敬佩。」語氣中彷彿還帶著一絲絲的佩服。

　　聽完了太太的話，我頓時感覺到一股沉重的愧疚感壓在胸口，妻子口中的黃太太，在我聽起來，似乎就是在講她自己。為了維繫我們的家庭和婚姻生活，讓我更無後顧之憂的在研究路上埋頭苦幹，妻子沒有絲毫怨言的放棄了原本在師大的教職。

　　隔了幾年，我們再次受邀到他家共進晚餐。此時，黃崑巖已經在美國取得博士學位，他的太太——謝惠美也重拾書本，

準備在美國考取醫師執照。離開他們家後,妻子在車上提到:「黃太太真的很令人敬佩,在小孩都大了、有自己的生活後,還是沒有忘記自己的夢想,重新考醫師執照,這種精神值得學習。」

妻子的一番話,再度讓我陷入深思,「黃太太」是如此的令人敬佩,她又何嘗不是?表面上,妻子的求學路看起來比別人都順遂,年紀輕輕就在日本鋼琴大賽中嶄露頭角,考進日本頂尖的音樂學院,還沒畢業,就已經錄取上師大音樂系的助教,甚至還差點就能公費赴美,到全球一流的音樂學校習樂。看似貴人相助,但我心裡很清楚,她有多用功。

每天至少彈七、八個鐘頭的琴,她比其他同學還要努力練習,花的時間和心力比任何人都還多,對音樂和鋼琴的熱衷更是無人能及。如果不是因為我,也許她能在舞台上發光發熱,當個知名的演奏家,而不是被困在家裡,每天茶米油鹽醬醋茶。

為了稍稍彌補心中的虧欠,那次離開黃崑巖家後,我買了一台鋼琴,送給太太,並在車庫旁建了一間小小的練琴房。雖然在家裡彈琴比不上在演奏廳的舞台上表演,但我還是希望她

能在忙碌的家事之餘，盡情地享受練琴的快樂，也算是我對她的一種補償吧！

生離死別的打擊

　　哈佛大學精神科副教授約翰‧瑞提醫師（John Ratey）著有《運動改造大腦》一書，出版短短兩年，全球已有十二種譯文。書中透過美國高中的體育改革計畫、用真實的案例與作者的親身經歷，證實「有氧運動」不只能鍛鍊肌肉，還能直接鍛鍊大腦，改造心智與智商。

　　「運動會燃燒壓力，就像燃燒熱量一樣！」事實上，幾十年來，國內外都有不少研究證實，人在運動時，身體會產生多巴胺、血清素和正腎上腺素。人要快樂，大腦一定要有多巴胺，而持續性的運動，可以使人分泌腦內啡（Endorphin），這是一種類嗎啡荷爾蒙，能與嗎啡受體結合，產生跟嗎啡、鴉片劑一樣止痛和愉悅的放鬆效果，等同天然的鎮痛劑，而這也是為什麼運動會使人心情愉快、且能治療多數精神疾病的最佳處方之一。

　　研究加上臨床工作，常常一忙起來，壓力就會大到令人喘不過氣，為了紓壓、也為了增近親子關係，周末我常邀孩子和

太太一起去騎腳踏車或爬山；等到冬天，天氣變冷了，就會全家一起去滑雪。

受聘到加州大學洛杉磯分校任職時，我和太太還特地挑了間後院有泳池的房子，希望沒時間外出運動，至少也能在上班前晨泳也好。且在池中可遠眺太平洋，將180度海景盡收眼底，每回只要懷念起家鄉，我就會一個人跑來這裡游泳，趴在池畔邊，想著海的另一頭就是臺灣。總之，工作雖然繁雜，但也常忙裡偷閒，甚為愜意！

俗話說，「相聚有時盡，相伴有別時！」這樣悠閒的日子並沒有過得太久！1979年某天下午，我坐在客廳沙發上，翻著報紙，等著妻子準備晚餐，沒想到原本在廚房忙碌的妻子卻突然一陣暈眩，甚至噁心、反胃。我不疑有他，想著可能是廚房的油煙引起，扶著妻子在沙發上休息後，便走去打開廚房邊的窗戶，讓空氣流通。

我們的家坐落在加州知名的馬里布（Malibu）海灘旁，空氣還算不錯，果然妻子在休息一會兒後，便覺得好了許多。想不到隔沒幾周，妻子又開始感覺頭暈噁心，我才驚覺不對勁，載著妻子到UCLA附設醫院就醫。

經過詳細的檢查後，發現妻子的肝臟長了一顆腫瘤，但是否為癌症，得進一步做腫瘤穿刺切片檢查，待病理化驗後，才能確定究竟是良性還是惡性腫瘤。在外科部主任再三保證「手術安全，只需要一、兩個小時就可以完成，早上開刀，傍晚就能出院返家共進晚餐」的情形下，我們安排了隔天一早住院，進行穿刺手術。

　　等預定的手術時間一到，目送妻子進入刀房後，我便坐在手術房門口，像其他等待親友開完刀的病患家屬一樣，耐心的等待著醫師走出，宣布手術成功。說實話，在醫院服務了二十年，我還是頭一次像這樣坐在手術房門口等待，想想這種感覺還真是有點不習慣。

　　終於幾個小時過去，切片檢查的結果出爐了！只是很遺憾的，妻子的腫瘤並非我們預想的那樣樂觀，病理化驗後，證實她罹患的是肝癌第四期。而且因為腫瘤已經長的跟乒乓球差不多大，位置也很靠近主要動脈，醫師考量過後，認為並不適合做根除手術。

　　實在很難用言語來表達當時的震驚，聽完了檢查報告，我驚訝地說不出話來，而她想必也跟我一樣難以置信！畢竟我們

是如此的健康、如此熱衷於運動，怎麼會發生這種事情？

　　替妻子做檢查的醫師是UCLA的主任教授，說起來我們兩個也算是同事。我曾私底下問他，妻子還有多少時間可活？他神色凝重又一臉抱歉的回：「大概半年！」不過，由於美國人罹患肝癌的人並不多，當時治療肝癌技術最好的醫師幾乎都在日本，因此他便推薦一位擅長肝栓塞治療的權威醫師，讓我帶著妻子到日本醫治。

　　肝臟主要有兩道血流，一條是肝動脈、一條是門靜脈，由於肝癌的營養來源主要來自肝動脈，因此栓塞治療的原理，就是把導管放入肝動脈打藥，切斷腫瘤的糧食供應，讓癌細胞餓死；至於正常的肝臟，因為還有門靜脈可以輸送血流，不會受到影響。

　　栓塞治療雖不是肝癌的根除性療法，但透過一次又一次的栓塞，有機會將腫瘤壓制住，延長存活時間。所以在主任的安排下，我抱著一絲期望，帶妻子到日本進行栓塞治療。可惜的是，一年半後，妻子還是不幸離世，儘管如此，我還是感謝所有為我們安排舉薦的好友，讓妻子能多陪我這一年。

找個伴，攜手走過下輩子

　　太習慣家裡有妻子的身影，在她往生後，我曾經消極了好一陣子。

　　以往每天下班回到家裡，妻子總會準備好熱騰騰的晚餐，我會一邊吃飯、一邊跟她分享工作上發生的大小事；但現在少了一個可以說心裡話的對象，整個家裡頓時變得空蕩蕩，我也因此愈來愈害怕回家，常常進屋後什麼也沒做，就一個人坐在客廳沙發裡，盯著天花板發呆，真的很不習慣整棟房子變得這麼安靜。

　　妻子逝去的時候，三個孩子也都已經上了大學及中學，不少親友都很擔心我會想不開，經常約我出去聚一聚，希望我能就此遠離喪妻之痛。遠在臺灣的老朋友也很有心，特地打了長途電話來安慰我，並邀我回臺灣走一走、散散心。想想也很有道理，與其在家裡一個人發呆，倒不如回家鄉探親、見見老同學。打定了主意，我便請了兩個禮拜的長假，打包行李飛回臺

灣，決定讓自己好好沉澱幾天。

　　抵達臺灣後，熱情的好友們很積極的為我安排了一場同學
會，席間不少同學都建議我再找一個對象，畢竟「一個家裡怎
麼可以沒有女主人呢？」後來，幾杯黃湯下肚後，大家聊開
了，便開始有人帶頭起鬨，問我喜歡什麼類型的女孩子。

　　在大夥兒一問一答，一來一往的拼湊下，我的「理想伴
侶」雛型愈來愈清晰，這時從建中期間就和我很要好的同學太
太突然驚呼：「咦～這個條件不是很像你的小妹嗎？」原來這
位好兄弟的妹妹在日本早稻田大學讀金融管理，畢業後留在當
地結婚生子，現在離婚了，一個人帶著一個兒子一起生活。

　　在大家的慫恿下，我也鼓起勇氣，決定要到日本見見這位
「妹妹」。或許怕我白跑一趟，好友還事先給我看了對方的照
片，果然，是我欣賞的類型。於是，我把原本要飛洛杉磯的機
票，改成飛日本東京。

　　本人和照片差別不大，講起日文很優雅，人也很健談。第
一次見面，我們就很有話聊，在過程中，也意外發現原來我們
是同一所國小畢業，雙方家長又是親友，感覺自然格外熟悉。

雖然差了十四歲，但就像有聊不完的話題，沒有冷場。總之，在離開日本前，我們交換了聯絡方式，開始當筆友，分享彼此的生活。

後來，覺得時間點到了，再加上彼此長輩都很期盼，認為我們是天造地設的一對，於是，我向她求婚。簡單宴請了一下雙方親友後，就帶著她和我未來的繼子，一起到美國，展開我們的家庭生活。

照顧者也要被照顧

　　每對步入教堂、即將成婚的夫妻，都會經過這一個橋段。穿著帥氣西裝禮服的新郎，和身穿美麗白紗的新娘，手挽著手站在聖壇前，在牧師的帶領下，宣讀誓詞：「不論生老病死、貧富貴賤，這一生都會不離不棄！」

　　結婚誓詞是對另一半未來的承諾，是彼此努力的方向，同時也意味著兩個人不因順境或逆境而改變，永遠忠誠於對方。雙方一起說出結婚誓詞，往往會使整個婚禮顯得更加神聖莊重。但永遠不離不棄，說來簡單，談何容易？

　　我也曾經以為，當另一半生病了，不離不棄的陪伴是理所應當的。一直到自己因為脊髓毛細管出血，左腳癱瘓後，我才明白，原來這世上沒有什麼事情是理所當然的！縱使是和你再親近的人，也沒有義務要照顧你照顧的無微不至。

　　早在1982年，我還在洛杉磯時，左腳就曾經麻痺過一次。

那天早上，我一如既往的到車庫，準備開車上班，沒想到當我把右腳踏進駕駛座坐穩後，準備把左腳伸進車裡時，卻發現舉步維艱，完全使不上力，左腳不知怎麼地就是抬不起來。

由於當時還沒有MRI（Magnetic Resonance Imaging，核磁共振造影），沒有辦法很精準的查出病因。在一系列的檢查過後，醫師推斷出了三種可能——脊髓長瘤、細菌感染和出血。不過，因為不確定是什麼原因造成，所以決定先朝細菌感染的方向治療，透過口服高劑量的類固醇，搭配復健治療，看看症狀是否改善。

很神奇的，在服用了三個月的類固醇，和每週一至兩次的復健後，我的左腳竟然恢復了！不僅能夠正常抬起，還可以游泳，似乎已經痊癒。左腳復原後，我更加倍的珍惜能共用雙腳的日子，爬山、游泳、滑雪樣樣來，也經常到處旅行。沒想到，就在我快忘了左腳曾受過傷的往事時，老毛病竟然再度復發！

從市療院長的位子退休後，我仍積極參加扶輪社的活動，也持續在馬偕醫院開診，四處演講授課，不少醫學院的授課講師裡都有我的身影。為了方便移動，我雇請了一個司機，大約

八、九年前，某天司機來接我，我抬起左腳、準備上車時，卻發現「不妙！」是的，我的左腳又抬不起來了，那種熟悉的麻痺感又回來了！

由於不是第一次左腳麻痺，所以我一開始也不特別緊張，冷靜地請司機送我到臺大醫院掛急診，沒想到MRI照射後，檢查的結果卻不如我所想的那樣樂觀。

造影顯示，我的左腳麻痺並非是因為細菌和病毒感染，而是脊髓間質的毛細管破裂出血，壓迫正常血液供應造成，之所以會引起左腳麻痺的原理就類似腦中風後的半身癱瘓。由於成因不明，加上是二次出血，位置又很接近主要血管，所以也無法做任何處置，只能靠積極復健，定期回診檢查，看有沒有機會能恢復正常功能。

可惜，這次復原的情形不如前一次理想，在努力了半年還是沒有成效後，我也不得不接受未來出門都得助行器不離身的事實。於是，我辭退了司機，把兩台車子轉手賣掉，很「認分」的定期到醫院復健治療。

起初，靠著助行器，我還會出席扶輪社的聚會，雖然無法

像正常人跑跳自如，但也還算能「活動自如」。只是老天對我的考驗還不只如此，後來因為合併有巴金森氏症，我連靠助行器行走都有困難了，只能當個標準的輪椅族。

不能自由自在的走動，對我來說，真的是很大的打擊！我自認算是個很活躍的人，積極參加社團活動，平時也經常健身運動，所以我怎麼也想不到，自己竟然會變成一個連上廁所都無法自理的病人！當然，我心裡也無法接受自己變成一個殘障人士。

強烈的失落感，讓我有好一陣子意志消沉，語氣也變得不太好，彷彿全天下的人都欠我似的，常常看這個不順眼，看那個也不滿意。總之就是竭盡所能地找地方發洩情緒，當然，最可憐的苦主就是我的太太了！

我們都是有點完美主義的人，她希望能照顧我照顧得滴水不漏，但她為了要扶我上廁所，幾乎每天半夜都得起來個一兩次，經常睡不飽。

精神不佳，又沒有時間好好喘息，久了，夫妻倆的爭執就變多了！偏偏我們都是好面子、愛逞強的人，在沒有外援的情

形下，只能彼此一直憋著、硬撐著。

或許換作是我，也無法這樣二十四小時、全年無休、毫無怨尤的照顧著另一個人！況且還得承受住對方無來由的情緒和脾氣。以在醫院自殺的案例來說，最常想不開、自殺的人，除了久病厭世的患者外，就是照顧病人的家屬了，也就是我們常說的（家庭）照顧者。

這些人因為肩負照顧生病親人的責任，白天可能要上班或是照顧家人，晚上睡覺也沒得閒著，常常變成「隱形病人」而不自知。因為照顧親人、沒時間好好休息放鬆，而罹患憂鬱症的照顧者愈來愈多，幾年前甚至還有深愛妻子的丈夫，因為不捨另一半飽受疾病所苦，昏迷妻子後將其釘死；也有爸爸因為照顧生病的兒子精疲力竭，殺了孩子後自殺。雖然手法兇殘，但從某種層面來看，似乎不難理解當事人的苦楚。

臺灣逐步邁向高齡化，因為照顧者疲於奔命，寫下的人生悲歌不斷重演。長照計畫一再被拿出來討論，安樂死和家庭照顧者的喘息議題也跟著浮上檯面。只是大家都忘了，不只是照顧雙親的子女會累，夫妻間的照顧者，也一樣需要被重視。因為——大家都是獨立的個體，沒有誰就是應該要照顧誰。

心五四運動──享受輪椅爲伴的生活

　　我回臺灣接任院長後，經常受邀上節目討論焦慮症，教導民眾如何紓壓。正好當時法鼓山創辦人聖嚴法師正力推「心五四運動」，我也因此受邀成為顧問諮詢醫師。在處事態度上，聖嚴法師提出四它原則──「面對它、接受它、處理它、放下它」。

　　當時，臺灣在政治和經濟上都遭逢巨大變革，因為玩股票而破產、失業的人很多，為此，聖嚴法師提出心五四運動，強調在遇到事情的時候，特別是比較嚴重、困擾的問題時，逃避是沒有用的，只有面對它才是最好的；同時，也要接受它，因為就算你不接受它，這個問題還是持續存在、不會憑空消失。

　　坦然接受正在面臨的困境後，若能立即處理、改善的，當然最好，但如果計劃好的事在過程中出現問題，不必傷心也不必失望，因為當你在面對它的時候，就是一種處理了。也許你會覺得非常懊惱，心裏面忿忿不平，老是心裡邊掛著那件事，

很痛苦。這時候你走不下去了，但另外一條路來了，就應該放下。只要是經過詳細考慮過，想盡辦法也無法改變的，就只好放下它，這和未經努力就放棄，是截然不同的。

左腳失去行為能力後，有很長一段時間我都無法跨過第一個階段，一直無法接受自己變成「身障人士」。說起來很矛盾，自己是精神科醫師，平常都是在教導人如何走出困境、不要鑽牛角尖，但當自己淪為主角時，卻是當局者迷，怎麼也走不出這股漩渦。後來我在無意見看到了一句話，才讓我如大夢初醒般走出憂鬱低谷。

「心若改變，態度就會改變；態度改變，習慣就會改變；習慣改變，人生就會改變。」這是我在某篇網路文章上看到的，很發人深省的一句話。是啊！難過是一天，快樂也是一天，與其讓自己天天傷心，何不讓自己開心點，快快樂樂地把餘生過完呢？

於是，我開始主動出擊，打給許久不見的老朋友，約大家出來吃飯、小聚。起初因為出入都得用輪椅，找餐廳時還困擾了我好一陣子，一度讓我打消念頭，好在天生不服輸的性格在此時發揮作用，每次要訂餐廳以前，我都會先打電話詢問服務

生輪椅是否方便。幸好，臺北對輪椅族來說，還算是個友善城市，很多餐廳都設有無障礙空間，雖然上廁所還是不太方便，但瑕不掩瑜，可以四處品嘗美食，已經讓我很滿足了。

除了大啖美食，為了刺激大腦活動，每個禮拜一天，我都會固定和三位牌友一起打麻將。每次打完，大家就會訂好下周的時間，通常一打下來就是一個下午，我們會邊聊天、邊打牌，分享自己最近又做了什麼好玩的事、吃了什麼好吃的餐廳，有時候也會聽聽他們抱怨工作上遇到的不順遂，互相加油打氣。我常開玩笑說，這種情景，有點像是在做團體治療，讓我這個精神科醫師，在離開了醫院的舞台後，還有機會能一展長才。

我還自己訂了一個有趣的遊戲規則，只要自摸了，就要大笑三聲。如果打出去的牌被吃了，我也會笑個幾聲。因為我深信「笑」這個字，和心理治療有很密切的關係。我常告訴朋友，一天大笑一次，會改善內分泌，增加抵抗力；日本有一個「大笑宗教」就是以此為保養祕訣。

聽起來很不可思議，但臨床上，精神科醫師在診斷精神病患的時候，經常會問患者：「當你的家人看電視大笑時，你會

不會跟著笑？」這是醫生用來診斷病人精神狀態的依據之一，因為當一個人憂鬱、緊張、恐懼、或是焦慮時，常常會忘記了笑。

　　或許笑就是有股魔力，也或許是心態改變了，所以人生也跟著改變。雖然後來我被診斷出罹患末期肺腺癌，但病情始終沒有惡化；不可否認地，標靶治療在延緩病情上幫了大忙，但我始終相信，保持愉悅的心情，才是癌細胞最大的殺手。

卒婚，不離婚各自生活

現代人很幸福，醫療不斷進步，平均壽命也不斷延長，以往祝賀壽詞常用的「長命百歲」似乎愈來愈容易。但同時，這也意味著孩子長大了，離家工作或成家立室後，父母將有一段很長的時間需要獨自相處。

不少攜手走過數十年的夫妻，開始思考餘下的人生要怎麼過。部分人認為既然撫養孩子的任務已經完成，夫妻也沒必要綁在一起，可以各自生活，追尋年輕時因為家庭而放下的理想。因此，日本這幾年興起了「卒婚」這個新名詞。

維持關係（不離婚）、分開生活、追尋理想——這種突破性的婚姻關係，稱為「卒婚」。卒，在日文裡有「完成」和「畢業」的意思；「卒婚」從字面上來解釋就是「從結婚中畢業」。不過，卒婚的意義又與離婚、分居不同，簡單來說就是「繼續維持婚姻關係並且各自生活」，不再受傳統婚姻模式的束縛，而是給對方空間，建構自己的人生。

卒婚這個名詞，最早是由作家杉山由美子在2004年出版的新書《推薦卒婚（卒婚のススメ）》中提出，此後藝人清水明、加山雄三等人相繼宣布卒婚，很明顯地，卒婚已走進日本主流社會。我和太太，在先後確診罹患了癌症以後，也決定走向卒婚一途。

2015年九月，太太在例行健檢中，被診斷出肺腺癌第一期；好巧不巧，一個禮拜後，我照完胸腔X光，也被通知肺部有不明原因的積水——是的，我也罹患了肺腺癌，只是我病況稍微嚴重一些，發現時已經是第四期了！

幾乎是同一時間，我們夫妻倆得到相同的癌症，對我來說，這個打擊比左腳不能動、罹患巴金森氏症還要大很多！我一度相當自責，總覺得太太的癌症是被我逼出來的。

畢竟我們都住在臺北東區，而非空氣品質較差的工業區，且目前醫界也普遍將壓力視為癌症的誘發因子之一。

許多罹癌的人回顧發病前兩、三年，常是身心處於壓力的狀態。而這可能和精神壓力會削減免疫機能，憂鬱症會使身體修補DNA的能力下降有關，導致罹患癌症的機率明顯提高。

此外，外來壓力也會改變癌症形成的途徑，當細胞失去固定的生理機制時，會經由凋零程序（apoptosis）而進行「自殺」，這是細胞結構上所設計的生存程序。但當外來毒素擾亂了細胞的「自殺」程序時，會使細胞忘了自殺，而引發腫瘤。所以當有抑鬱症或外來壓力時，除了破壞DNA的完整性及打斷DNA的修補機制，也會改變細胞的凋零程序而直接影響到癌症的罹患率及其成長。這也是為什麼醫師多半會建議癌症患者，經常保持心情愉悅的原因。

　　為了照顧行動不方便的我，太太在罹癌前7～8年，幾乎沒什麼自己的時間和休閒娛樂。有幾次我半夜想上廁所，又不忍吵醒熟睡中的妻子，只好靠著助行器勉強起身，沒想到卻在洗手間滑倒，左腳骨折了兩次。而這些無形中都成為妻子的負擔。

　　對於向來健康的她為何會罹癌，我想，我是難辭其咎的。所以在彼此都確診罹癌後，我們便促膝長談、交換意見，討論該如何讓對方「好好養病」。幾經深談過後，我們決定效法日本人「卒婚」的精神，開始我們的分居生活。

　　也許分開生活，對我們彼此來說，就是最好的喘息。現在

我一個人住在東區，請一個外勞和看護，偶爾和朋友吃飯見面，日子過得也還算愜意；而她自己在天母獨居，因為住家旁有一個大公園，幾乎天天都會去散步、做伸展操，偶爾回榮總複診，交通也很便利。

當你走向卒婚，可能不會再期待年輕時，那種只羨鴛鴦不羨仙、浪漫的婚姻生活，相對的，會有更理性、更成熟的人生觀，對彼此來說，都是一種成長。雖然沒住在一起了，但三不五時的電話關心還是少不了！只是現在我們更嚮往這種安靜的生活。

幸也不幸，罹癌的體悟

　　2016年七月，日本《NHK》大篇幅報導明仁天皇有意「生前退位」（せいぜん たいい），引起廣大迴響。縱使是位高權重的天之嬌子，也有疲憊的一天，更何況是今年即將邁入84歲高齡的日皇明仁。

　　在昭和天皇駕崩之後，日皇明仁55歲時登基，是首位「象徵」式（沒有軍政實權）天皇。不過，正因為是「象徵」，皇室又要與時並進，公務比起昭和時代大幅增加。除了日本憲法規定天皇要履行的國事和年中行事（ねんちゅうぎょうじ）之外，還得出席其他象徵性的公開場合，例如到各地作戰的死者慰靈儀式、到日本的受災地慰問等等，可謂相當忙碌。

　　日皇明仁之前已接受過前列腺癌和心臟搭橋手術，2016年二月更因為甲型流感而不得不暫停公務。從這些經歷來看，日皇明仁萌生去意，也是人之常情。更不用說「老化」是每個人一輩子都免不了的，縱使你再努力運動、吃再多主打抗老的保

健品，還是無法逆天，當然，也不可能返老還童。

　　連高高在上的皇子都曾為疾病所苦，世俗凡子又怎能抵得過病痛的折磨呢？作為醫者，我們注定比別人更早看到了自己的疾病和死亡，所以當被告知肺泡積水，必須進一步接受胸腔超音波檢查時，心理便隱約猜的到是怎麼一回事。如果問我，知道罹癌的那一刻是否大受打擊，我會跟你說：「不！最難熬的是等待基因檢測結果的那段時間。」

　　癌症不再是絕症！尤其是肺腺癌，即便到了晚期，也還有很多標靶藥物可以選擇。晚期肺腺癌治療，幾乎已經走向「個人化治療、量身訂做」的時代。一旦醫師判定手術治療效果有限時，就會建議患者先做基因檢測，看表皮生長因子受體（EGFR）是否有基因突變，若無，也會進一步檢驗是否有ALK基因錯位，藉此判斷適合患者服用的藥物，進行標靶治療。

　　雖然標靶治療抑制腫瘤效果卓越，但也並非萬靈丹，不是每個人都能找到合適的藥物使用。機率大約一半，所以在等待基因檢測結果的那幾天，真的是萬般難熬，彷彿是俎上刀魚，是生是死都由人宰割，有點力不從心。

幸好老天待我不薄，檢測結果，我是適合做標靶治療的那群人。我還記得當時聽到這個好消息時，那種終於放下心中大石、鬆口氣的感覺，來探病的朋友還虧說，我臉上的笑容藏都藏不住！

　　現在，每當有人好奇詢問，罹癌後的心境轉折時，我都會說：「我很不幸，得到了末期癌症；但我也很幸運，有標靶藥物可以治療！」幸也不幸，是最能代表我心情的一句話，也是我罹癌後最大的體悟。

與癌共處的心理學

　　確診罹癌至今，已經過了一年半，有時候仔細回想，真的很奇妙！原來我已經不知不覺和癌症共處了這麼長的時間。

　　會這麼驚訝，不只是因為我很幸運的沒有任何肺腺癌患者會有的不適症狀，包括咳嗽、氣喘、骨頭痠痛等，就連每兩個禮拜固定一次的複診，也常被醫師誇獎，癌細胞控制得不錯！

　　我不敢說自己已經戰勝了癌症，但至少，我們和平相處得不錯，對於癌症治療，算是有點小心得，所以只要有人和我分享哪位親友罹患癌症時，都會鼓勵他們，多勸勸這位病友開心過日子！不要每天愁眉苦臉，覺得自己好像得了絕症，彷彿天要塌下來一樣，免得本來沒什麼大礙，反而自己把自己給嚇得半死。要知道，笑是可以增強抵抗力、對抗癌細胞的。

　　我也常和人開玩笑說：「你看看我，身上得了七、八種病都還不會死！」除了肺腺癌和脊髓毛細管出血，我還有巴金森

氏症和大腸癌，既然一個人可以同時罹患這麼多疾病都還活得好好的，對抗一兩種疾病，又有什麼難的呢？

每當聽到有人因為不敵治療的副作用而放棄時，我都會打從心底覺得好可惜！很想開診，專攻癌症心理學，替這些為癌症所苦的病人找到心靈上的出口，幫助他們轉移壓力。無奈我現在行動不方便，年紀也大了，實在沒這麼多體力可以看診。

有時候，一個人靜下心來回想，過去六十多年，為了在專業領域上有所成就，我似乎從來沒有像現在這麼「清閒」過，可以有更多時間獨處，做自己想做的事情，聽自己想聽的歌，甚至一個人過年、吃年夜飯，雖然這比不上往年子孫同樂那般熱鬧，但卻也多了自我沉澱的機會，也算是難得的經歷。

拜３Ｃ產品所賜，不少公益團體，像是脊髓損傷基金會等等，都出了很多專為身障者設計的ＡＰＰ，方便輪椅族找餐廳。現在我還有很多好吃的餐廳想去吃，只要看到新聞報導哪裡又開了一家新的日本料理店，或是國外很紅、很夯的餐廳來臺進駐時，我都會躍躍欲試，馬上打電話預約訂位。

不想被疾病綁住，儘管身障朋友說走就走的旅行，真的是

很不容易，我還是想四處走走、看看，而且，這可不是說說而已，我已經開始計畫，希望有生之年，能夠再出國旅行一次！

超越，轉境

　　「心隨萬境轉，轉處實能幽，隨流認得性，無喜亦無憂。」是我這兩年，最常放在心中的座右銘。我很幸運，也很不幸。幸運的是，我有合適的標靶藥物，可以減緩癌症的病程；不幸的是，正如同所有的藥物使用一段時間，都會產生耐受性，在服用了標靶藥物艾瑞莎（Ireassa）一年後，我的腫瘤還是變大了。

　　一旦病人在服用艾瑞沙（Iressa）或特羅凱（Tarceva）期間，發生了T790M基因突變，原來的標靶藥物便會無效，腫瘤會不受控制。看了統計資料，發現大部份肺腺癌患者在接受一線標靶藥物治療9～13個月後，超過一半的患者，會出現這種基因突變，而Tagrisso（藥品名稱：Osimertinib, AZD9291）可解決這個問題，為病人提供新的治療方案。

　　可惜的是，抽血檢驗的結果，我的體內並沒有T790M基因突變。後來在主治醫師建議下，還有一種血管新生抑制劑可以

選擇，在現有每日一顆艾瑞莎（Ireassa）治療中，加入三個禮拜一劑的安維汀（Avastin），希望把直接打擊癌細胞的標靶藥物和控制腫瘤血管生成的抑制劑結合起來，雙管齊下來對抗腫瘤。雖然結果不盡如人意，至少努力嘗試過了。

有生必有死，有始就有終。有時候，自己一個人靜下心來，想想這84年來發生的一切，「生老病死」這幾個字就會浮現在腦海中，雖然老生常談，卻是每個人必經之路，躲都躲不過的。我的人生，「病」特別多，但畢竟是醫生，所知道的訊息、接受的治療還是比別人多，比較不容易成為白色巨塔裡的白老鼠，這是我感激不盡的。

我的學歷、經歷和社會地位，一直是父母親引以為榮的成就，或許我該心滿意足，但是隨著年紀增長，當你進入「老老」（指85歲以上）的階段，頭銜似乎已不再是你所追求或是希望達成的目標。現在，只希望能用剩餘的能力繼續貢獻給社會，希望讀者在看完這本書後，能夠有些收穫，而不是白白浪費了好幾個小時。

「鯉魚」的榮耀

文／葉雅馨（大家健康雜誌總編輯）

　　2016年7月中一個夏季午後，長期協助董氏基金會心理衛生中心推動憂鬱症防治工作的詹佳真醫師安排了一個雅緻的餐會，介紹我們編輯團隊認識了簡錦標教授，也是我第一次與這位臺灣精神科醫學的前輩近距離互動。那天除了交換一些對憂鬱症防治工作的推動心得，他也分享了不少人生小故事。

　　簡教授幾年前因脊髓毛細管破裂出血，阻塞了左腳運動神經，失去行動功能，變成出入都得靠輪椅。他曾一度灰心，不想出外走動社交，不過很快的轉念，發現臺北有不少對行動不便障礙者的友善餐廳，還幽默地說，自己或許可以出一本書推薦輪椅族可到哪些餐廳享用美食或分享他的人生故事。

　　一個多月後，詹醫師陪同他到基金會，洽談了合作出版《隨遇而安》一書。這本書是透過他口述，《大家健康》雜誌採

訪整理。我們密集的每週進行採訪，採訪持續了半年多的時間，在編輯後製上也投入很多心血。

在封面及書的編排上，我們放入鯉魚的圖畫意象是有原因的，因為這是簡教授出生的象徵，也寓意他自己對人生的期許，包括重視榮譽、用功讀書、努力做學問等，不愧祖父對他「錦標」（冠軍）的期望。

看到前美國精神醫學會會長羅伯白士諾醫師在推薦序中，戲稱他是「Type A Personality」的俏皮話，我們可理解簡教授在合作出版過程中的親力親為與用心。他對於書中的文句進行多次的調整，還為書中文字的呈現方式，詢問不少友人的意見。他是臺灣少數在國外知名醫學期刊上，刊載超過100篇以上的教授級風雲人物，所以有時他想把這次出版的書，當作研究論文式的有條理、鉅細靡遺的呈現，不過《大家健康》雜誌出版這本書，希望讓更多讀者能閱讀、了解這個當代學者的風範，所以文字採用一般民眾能理解的語言，並選擇生動的故事及事件來描述。

在內容上，除了有他的童年成長、求學經歷外，也加入了精神科醫師的生涯點滴。他的精神科醫師生涯，幾乎像是一部近代的精神醫學史，從最早精神醫療治療到第一顆精神醫學用藥，

他都經歷過，甚至參與其中。

除此，書中更重要的一部分是他對團療的看法以及自己罹病人生的體悟。他曾說自己身上有超過9種疾病，但仍要懂得「面對」、「接受」、「處理」、「放下」，這些思考很像當初他對病友提及的方法。書中，也可透過一個精神科醫師看待疾病的體悟，了解與癌共處的心理學。

這本書的完成，感謝詹佳真醫師在多次採訪上的協助及文稿上的建議，也感謝在美國行醫的陳永成醫師，多次在午夜時分與我們分享簡教授的過往與提供參考資料。因為他們的幫忙，讓《隨遇而安》這本書更精彩！

隨遇而安 ｜ 精神科教授
簡錦標的人生故事

作　　　　者／簡錦標

總　編　輯／葉雅馨
主　　　編／楊育浩
採 訪 整 理／張郁梵
執 行 編 輯／蔡睿縈、林潔女、張郁梵
封 面 設 計／比比司設計工作室
內 頁 排 版／陳品方

出 版 發 行／財團法人董氏基金會《大家健康》雜誌
發行人暨董事長／謝孟雄
執　行　長／姚思遠

地　　　　址／臺北市復興北路57號12樓之3
服 務 電 話／02-27766133#252
傳 真 電 話／02-27522455、02-27513606
大家健康雜誌網址／http://www.healthforall.com.tw
大家健康雜誌粉絲團／https://www.facebook.com/healthforall1985

郵 政 劃 撥／07777755
戶　　　　名／財團法人董氏基金會

總 經 銷／聯合發行股份有限公司
電　　　　話／02-29178022#122
傳　　　　真／02-29157212

法律顧問／眾勤國際法律事務所
印刷製版／恆新彩藝有限公司
版權所有・翻印必究

出版日期／2017年5月4日初版
定價／新臺幣400元
本書如有缺頁、裝訂錯誤、破損請寄回更換
歡迎團體訂購，另有專案優惠，請洽02-27766133#252

國家圖書館出版品預行編目(CIP)資料

隨遇而安：精神科教授簡錦標的人生故事 / 簡
錦標著. -- 初版. -- 臺北市：董氏基金會<<大家
健康>>雜誌, 2017.05
　　面；　公分
ISBN 978-986-92954-5-1(平裝)
1.簡錦標 2.臺灣傳記 3.專科醫師

783.3886　　　　　　　　　　　106005134